U0123179

台大教授的論語課

上

周志文——著

老者安之
朋友信之
少者懷之

目錄

《論語》這部書

我們從四個方向來談《論語》這部書。

一、《論語》的地位

《論語》被認為是儒家或整個中國文化中很重要的書，古時很重要的書都被稱為「經」，經原義是指直線，引申有一切標準、法式的含意。中國為經書所下的定義很早，大約在漢代初年就有了，到武帝董仲舒時大致確立，西漢時，往往把經書也叫作「藝」。但《論語》這部書在唐代之前並不被看成經，尤其在漢代，因為漢代人認為《論語》並不是聖人所作，所以不能稱之為經。司馬遷在《史記・太史公自序》中說：

> 周室既衰，諸侯恣行，仲尼悼禮廢樂崩，追修經術，以達王道，匡亂世反之於正，見其文辭，為天下制儀法，垂六藝之統紀於後世。

文中的「六藝」指的便是「六經」。又說：

太史公曰：先人有言：「自周公卒五百歲而有孔子，孔子卒後至於今五百歲，有能昭明世，正《易傳》，繼《春秋》，本《詩》《書》《禮》《樂》之際。」意在斯乎！意在斯乎！小子何敢讓焉。

可見在漢儒的觀念中，經必須是與聖人的「作」（創作，如《春秋》）或是聖人的「述」（敘述、引用或整理，如其餘的五經），否則絕不能算作經。《論語》由於是孔子的學生或再傳弟子所記錄的，既不是孔子的「作」，也沒有經過孔子的「述」，所以不能算是經。清末今文派的學者皮錫瑞在他的《經學歷史》中說：

孔子為萬世師表，六經即萬世教科書。……故必以經為孔子作，始可以言經學，必知孔子作經以教萬世之旨，始可以言經學。

皮錫瑞對經的看法，比兩千年前的司馬遷更加堅決與極端，認為六經都是孔子的作品，都是孔子為萬世所定的「教科書」，所以有那麼崇高的地位，《論語》由於不是孔子所作，甚至連看都沒有看過，當然從傳統的經學觀念看，不能算是經書。

從嚴格的定義上看，《論語》雖不能算是傳統儒家所認定的經書，但這部書在漢代就十分重要，在漢武帝之前，政府除了立「五經博士」外，還立過「《論語》博士」，不過有別於五經博士，《論語》的博士叫作「傳記博士」，在漢儒的用語習慣中，「傳記」是孔子弟子敘述聖人之意的著作，地位是低於經的。

《論語》當然重要，它記載孔子一生的言行，在這方面，沒有其他一本書比它更詳實、更可信的。漢以後的人，有人把孔子看成「素王」，有人看成「至聖先師」，都視之為最崇高的聖人，孔子一言一行，都對後世產生巨大影響，因此《論語》的重要性就不言可喻了。漢代趙岐在《孟子題辭》上說：「七十子之疇，會集夫子所言，以為《論語》。《論語》者五經之錧鎋，六藝之喉衿也。」錧鎋是古代車輛前鎖的金屬器具，而咽喉（喉）對人，衣領（衿）對衣服都是最重要的部分，可見《論語》雖然在漢代人的眼中不是經，但卻具有甚至比六經更為積極的含意。

唐宋之後，經的範圍逐漸擴大，到「十三經」的時代，就乾脆把《論語》立於經部了，到此《論語》的地位當然就更加重要。《宋史．趙普傳》說：「普嘗謂太宗曰：臣有《論語》一部，以半部佐太祖定天下，以半部佐陛下致太平。」這便是「半部《論語》治天下」的來源，儘管這種說法稍嫌功利，語意所涉也有不明確處，但可見傳統社會對《論語》的重視。

到南宋朱子，他將《禮記》裡的《大學》《中庸》拿出來，再加上《論語》與《孟子》合成為《四書》，集合前人注疏與自己的解釋成為《四書章句集注》。自《四書章句集注》一出，此書的地位儼然有取代「十三經」之勢。而《四書》表面上有四部「書」，其實《大學》《中庸》的分量比起《論語》《孟子》顯然不足，《孟子》的字數雖多過《論語》，但孟子是孔子孫子子思的學生，與孔子較，他在儒家的地位言，嚴格說來，是不可同日而語的，所以在《四書》中，當以《論語》為核心，殆無可疑。

假如在中國的歷史上，要找一本與基督教《聖經》、回教《可蘭經》同樣地位的書，《論語》可當之無愧，所以無論從哪個方向來說，《論語》絕對是一本極重要的書。

二、《論語》的編纂

班固在他的《漢書．藝文志》上說：

《論語》者，孔子應答弟子、時人，及弟子相與言而接聞於夫子之語也。當時弟子各有所記，夫子既卒，門人相與輯而論纂，故謂之《論語》。

班固的這一段話，有兩個含意，其一是《論語》是孔子應答弟子、時人之語，由孔子的弟子直接記錄下來，也有是弟子在言談中轉述孔子的話語（接聞），由弟子間接的記錄下來；其二是孔子死後，由孔子門人與弟子門人論纂、編輯而成。

班固的說法最具權威，但也不是沒有問題。《論語》可以說絕大多數是記載言語的「語錄體」，但其中也有只記行而不記言的，如：

子之燕居，申申如也，夭夭如也。（《述而》篇 7.4）

子食於有喪者之側，未嘗飽也。子於是日哭，則不歌。（《述而》篇 7.9）

子之所慎：齊，戰，疾。（《述而》篇 7.12）

子所雅言，《詩》《書》、執禮，皆雅言也。（《述而》篇 7.17）

子釣而不綱，弋不射宿。（《述而》篇 7.26）

子罕言利，與命，與仁。（《子罕》篇 9.1）

子絕四：毋意，毋必，毋固，毋我。（《子罕》篇 9.4）

子見齊衰者、冕衣裳者與瞽者，見之，雖少必作，過之，必趨。（《子罕》篇 9.9）

此外還有許多。以上所舉，都是只記行而未記言的，更有趣的是《鄉黨》一篇，幾乎全記孔子之行，可見《論語》雖為語錄體，但也有一部分是只記行不記言的。因此《論語》的「語」字應作廣義解，不只專指記載語言，尚包含記載孔子的行為。

《論語》雖然以記錄孔子的言行為主，其中也記載了弟子及時人的言行，如：

子路有聞，未之能行，唯恐有聞。（《公冶長》篇5.13）

季氏使閔子騫為費宰，閔子騫曰：「善為我辭焉，如有復我者，則吾必在汶上矣。」（《雍也》篇6.7）

上面兩章只記弟子言行，與孔子不見得有關，甚至《子張》一全篇，記錄的全是弟子的言語，證明班固之說：「孔子應答弟子、時人，及弟子相與言而接聞於夫子之語」雖大致可信，但不可拘泥。

班固的解釋，又涉及「論」字的讀音問題，如依照班固的說法，《論語》是孔子死後，「門人相與輯而論纂」的書，則《論語》的「論」字就該念成去聲。但皇侃《論語集解義疏》則採「倫次」、「倫理」、「經綸」等義。邢昺《論語注疏》又加疏解說：

論者，綸也、輪也、理也、次也、撰也。以此書可以經綸世務，故曰綸也；圓轉無窮，故曰輪也；蘊含萬理，故曰理也；篇章有序，故曰次也；群賢集定，故曰撰也。鄭玄《周禮注》云：「答述曰語」，以此書所載，皆仲尼應答弟子及時人之辭，故曰「語」，而在「論」下者，必經論撰，然後載之，以示非妄謬也。

邢昺的解釋，更為折衷綜合，是故，《論語》的「論」字如解作「綸、輪、理」的話應讀為陽平，如解作「次、撰」的話則應讀為去聲，兩種解釋與讀法都有理由。但在習慣上，都將論字讀成陽平。

班固所說「當時弟子各有所記，夫子既卒，門人相與輯而論纂。」這句話也有問題，因為照班固的說法是《論語》是孔子生前門弟子各記所見聞，孔子死後即由弟子編輯而成，其實《論語》裡面有相當一部分是孔子死後的事情，像《泰伯》篇兩段記錄曾子臨死的故事：

曾子有疾，召門弟子曰：「啟予足！啟予手！《詩》云：『戰戰兢兢，如臨深淵，如履薄冰。』而今而後，吾知免夫！小子！」（《泰伯》篇 8.3）

曾子有疾，孟敬子問之。曾子言曰：「鳥之將死，其鳴也哀；人之將死，其言也善。君子所貴乎道者三：動容貌，斯遠暴慢矣；正顏色，斯近信矣；出辭氣，斯遠鄙倍矣。籩豆之事，則有司存。」（《泰伯》篇 8.4）

這兩章所記是曾子臨終前的事。曾子是孔門年紀最小的重要弟子，（《史記・仲尼弟子列傳》中記曾子少孔子四十六歲，其實孔門弟子與曾子同年的有顏幸，比曾子更少的還有冉孺、曹卹、伯虔、公孫龍等人，只是他們不如曾子重要。）曾子死時當然距離孔子死後已經很久，《論語》有曾子死的詳細紀錄，可證《論語》不是孔子死後即由弟子相與論纂而成，而是孔子死了很多年，由他的再傳或三傳弟子編輯整理而成的。

比較可靠的說法是：門人記孔子的言行有的記於孔子生前，有的記在孔子死後，這些材料留下來，由最後的人編輯而成書。那麼最後完成《論語》的人到底是誰呢？前面引用了《論語》裡記錄曾子臨死時的故事內容，而曾子是孔門「七十子之徒」裡面最為年幼者之一，曾子死時，孔門的「大」弟子應該一個不剩了，所以說《論語》完成於曾子弟子之手應該是最為可信。

為什麼說是完成在曾子弟子手上呢？因為我們看上面所引《論語》的兩段文字，並不是曾子的自記，而是他人所記，而記錄曾子死亡過程這麼隱密的事，只有親人或隨侍在旁的學生才有可能，這兩段文字，當然只有曾子弟子才能記，所以《論語》這本書應該可以確定完成在曾子死後。

另一個證明是《論語》裡面稱孔子固以「子」或「夫子」相稱，稱孔子的弟子卻大多只稱其字，孔子呼叫他們則直呼其名。要知道古人使用稱呼是很嚴格的事，名是給人自稱或輩分高的人用的，而字是給同輩或晚輩的人使用的，孔門的「大弟子」如顏回（字淵或子淵）、仲由（字子路或季路）、端木賜（字子貢），在《論語》裡頭，孔子稱他們必稱其名，如：「賜也，爾愛其羊，我愛其禮。」（《八佾》篇3.17）「由也果，於從政乎何有？」（《雍也》篇6.6）「人不堪其憂，回也不改其樂。」（《雍也》篇6.9），如果不是孔子的語氣，《論語》記他們則必以字，譬如「子貢欲去告朔之餼羊。」（《八佾》篇3.17）「顏淵、季路侍。」（《公冶長》篇5.25）等。然而《論語》裡面記曾參與有若從不用字，而直接稱他們為「曾子」或「有子」（夫子、老師），這兩人在年齡輩分上比顏淵、子路要小要低不說，在孔門的地位也遠不如「前賢」遠甚，何以稱重要的人卻用一般的字，而稱比較次要者反而使用「夫子」或「老師」這種尊稱呢？可見說《論語》完成在有子或曾子學生的手上是有道理的。唐代柳宗元在他的《論語辯》一文中曾說：

或問曰：「儒者稱《論語》孔子弟子所記，信乎？」曰：「未然也。孔子弟子，曾子最少，少孔子四十六歲。曾子老而死，是書記曾子之死，則去孔子也遠矣。曾子之死，孔子弟子略無存矣。吾意曾子弟子之為之也。何哉？且是書載弟子必以字，獨曾子、有子不然。由是言之，弟子之號之也。」「然則有子何以稱子？」曰：「孔子之歿也，諸弟子以有子為似夫子，立而師之，其後不能對諸子之問，乃叱避而退，則固嘗有師之號矣。今所記獨曾子最後死，予是以知之。蓋樂正子春、子思之徒為之爾。」或曰：「孔子弟子嘗雜記其言，然而卒成其書者，曾子之徒也。」

這段話說得更明確了，認為《論語》是完成於曾子弟子之手，並且解釋了《論語》為什麼也稱有若為子的原因。柳宗元的說法是有根據的，《史記．仲尼弟子列傳》裡寫道：「孔子既沒，弟子思慕，有若狀似孔子，弟子相與共立為師，師之如夫子時也。」《史記》的說法並非無據，《孟子．滕文公上》也有段記載：

昔者孔子沒，三年之外，門人治任將歸，入揖於子貢，相向而哭，皆失聲，然後歸。子貢反，築室於場，獨居三年，然後歸。他日，子夏、子張、子游以有若似聖人，欲以所事孔子事之，彊曾子，曾子曰：「不可！江漢以濯之，秋陽以暴之，皜皜乎不可尚已。」

原來《論語》尊有若為「子」，是這緣故。部分學生因有若似孔子，欲以事孔子方式來對待有若，曾子不贊成，最後也沒真正實現，但是這個理由也稍嫌牽強，我想《論語》的一部分也可能完成於有若弟子之手，最後編輯整理，還有待曾子的門人。清代的章學誠在他的《文史通義・詩教上》說：「《論語》記孔子之沒。吳起嘗師曾子，則曾子沒於戰國初年，而《論語》成於戰國之時明矣。」所以《論語》這部書，最可能完成於曾子門人之手，時間應在戰國之時，距離孔子之死應該已隔了相當一段時間了。

三、《論語》的真偽問題

所有古書，都幾乎有真偽的問題，《論語》也不例外。前面說過《論語》不是成於一時一人之手，所以以體例而言是很混亂的。古代沒有錄音設備，老師說的一句話，幾個弟子記下來，便可能有不同的內容，何況有時受書寫工具的限制，不見得能隨聽隨記，有些事放在腦中，過了許久之後才有機會記錄下來，這樣的記錄當然容易發生錯誤，錯誤有大有小，小的只是語氣把握得不準確，大的則可能根本乖離了原意。就以明代大思想家王陽明的《傳習錄》來說，全書分三卷，第一卷的部分是陽明初設教時弟子徐愛等所記，當然最為可信，最後一卷則為陽明死後由弟子黃省曾等所記，其中就有些不清不楚的事，有的已明顯失了真相了，這是劉宗周、黃宗羲都懷疑過的。

古人書寫記錄的方式十分不方便，在唐朝之前，中國所有的書本都是靠手抄的方式流傳，稱為「寫本」。唐朝已有小規模的印刷術了，但只用在翻印局部佛經上面，還沒有用在一般書籍方面。孔子的時代，一般書寫是用毛筆沾著顏料寫在削好的竹片上，當時稱削好供書寫的竹片為「簡」。

將簡片用熟牛皮製的繩子（韋）串在一塊兒，就成了「冊」，卌就是古文的冊，像竹片相聯成冊之形。這種書製作起來很費事，讀起來也不方便，讀時須不斷翻弄冊頁，常會把串書的繩子弄斷，繩子斷了，冊頁不相聯，就成了「錯簡」「亂簡」了。古人又不像我們現代人一樣會編頁碼，簡一錯了，往往十分麻煩，《史記・孔子世家》說孔子晚而喜《易》，「韋編三絕」，就是指這類的事，幸虧在孔子的時代，《易》還都是簡單的卦、爻辭，竹簡亂了也還可閱讀。在竹簡流行的初期，往往要求所記錄的事情極簡，記錄下來的事要自成段落，最好以不超過一片竹簡為原則，這樣錯簡了也不會造成混亂，我們看《論語》裡面，多數是很簡短的句子，譬如：

子曰：「巧言令色，鮮矣仁！」（《學而》篇1.3）

「子不語怪、力、亂、神」（《述而》篇7.20）

子曰：「有教無類。」（《衛靈公》篇15.38）

大約到了戰國之後，古人發現把文字寫在絹帛上也許更為方便。絹帛比竹簡貴了許多，但在絹帛上寫字，可以寫比較長篇的東西，古人把寫在絹帛上的文字稱作「帛書」，當帛書流行之後，文章才比較能夠「開闔宏肆」了。所以我們其實可以從《論語》長與短的紀錄，大致判斷《論語》諸章所寫成的年代。譬如《論語》裡面最長的一章是《先進》篇11.25，全章有四百一十五個字，還有《季氏》篇 16.1，全章有二百七十四個字，後代有很多人懷疑兩章是否為《論語》之「真」。姑不論在前章中孔子稱讚有道家思想的曾皙是否合理、後章季氏伐顓臾的事是否可信，單從字數上言，這兩章已與《論語》裡面絕大多數簡單的敘述方式大異其趣。如果從「直接」與「間接」的角度來判定證據，前面所舉的簡短文字應該更「直接」出於早期弟子之手，而後面兩章至少是較晚期的紀錄，用以考證哪一個更接近孔子的本意，自然很容易看出來。

其次，從《論語》中對孔子的稱呼，也可以看出先後來。《論語》共有二十篇，前面大部分的篇章記錄孔子的話用的都是「子曰」，而《季氏》篇後，就很多「孔子曰」出現了，子曰是指「老師說」，孔子曰是指「孔老師說」，兩者所指的人都是孔子，但稱呼的些許不同，是可以看出文字早晚的。在早期，只有孔子是老師，學生之間說老師，便都知道指的是孔子，後來孔子過世了，孔門的弟子很多也從事教育，都有了自己的學生，再說老師，就有人不知道是指何人了，所以就加姓於其前稱「孔子曰」，以與「曾子曰」、「有子曰」作區別，所以可以確定的是，《論語》中如寫作「孔子曰」的，應該是較晚的紀錄。

前面說孔子還在世的時候，因受書寫工具的影響，文字要求簡練，孔子自己就說過：「辭達而已矣。」（《衛靈公》篇 15.40）意即文辭只要能達意就好，無須大事鋪張，也無須拐彎抹角。我們比較下面兩章：

子曰：「由！誨女知之乎？知之為知之，不知為不知，是知也。」（《為政》篇 2.17）

子曰：「由也，女聞六言六蔽矣乎？」對曰：「未也。」「居！吾語女。好仁不好學，其蔽也愚；好知不好學，其蔽也蕩；好信不好學，其蔽也賊；好直不好學，其蔽也絞；好勇不好學，其蔽也亂；好剛不好學，其蔽也狂。」（《陽貨》篇 17.8）

這兩章都是記孔子跟他的弟子仲由（子路）所說的話，《為政》篇 2.17 章是告訴子路面對知識的態度，知道就說知道、不知道就說不知道，只有抱有這種求真的態度，才能真正求知。《陽貨》篇 17.8 章同樣是告訴子路好學深思的重要，舉出「六言六蔽」以做說明。兩章最大的不同是一個直接，一個間接，以文章而言，一個只求辭達，一個有意製造波瀾，《陽貨》篇 17.8 章一開始孔子就問子路聽過「六言六蔽」嗎？假如子路說：「聽過了。」那孔子就無以為繼了，這章豈不成了個如梁啟超所說的「悶葫蘆」了嗎？同樣在《陽貨》篇 17.6 有段記弟子子張問仁的事：

子張問仁於孔子。孔子曰：「能行五者於天下，為仁矣。」請問之。曰：「恭、寬、信、敏、惠。恭則不侮，寬則得眾，信則人任焉，敏則有功，惠則足以使人。」

假如子張在聽孔子說「能行五者於天下，為仁矣」之後不再追問，孔子就無須繼續解釋，我們後人對孔子所說的「五者」就完全不了解了。我們不禁要問，孔子當年為何不直接說「恭則不侮，寬則得眾，信則人任焉，敏則有功，惠則足以使人」就好了，何須在這前面戴一頂「五者」的帽子呢？

《論語》在後面的幾篇中，像這樣戴帽子的事情屢屢出現，譬如「古者民有三疾」（《陽貨》篇17.16），「益者三友，損者三友」、「益者三樂，損者三樂」、「侍於君子有三」、「君子有三戒」、「君子有三畏」（皆《季氏》篇）。這樣的記錄方式，在《論語》前半部幾乎看不見，孔子與弟子言志，就直接說：「老者安之，朋友信之，少者懷之。」（《公冶長》篇5.25），說：「巧言令色，鮮矣仁！」又說：「剛毅木訥，近仁」（《子路》篇13.27）不管有幾個項目，開口就直接說完，讓人覺得天朗氣清又語出自然，反觀那些戴了「帽子」的，就顯得有點吞吞吐吐的不夠明白暢快了。都是孔子的話，記錄下來卻有不同，我們可以藉這些文筆上的差異，大體判斷書中諸章的寫成先後。

這裡所說，是大概，不是必然。譬如以文字長短來判斷寫成的先後，也不是沒有例外，譬如《詩》（《詩經》）與《書》（《尚書》）兩書成書，都比《論語》更早，卻有一些比《論語》長的文字，還有西周時的「毛公鼎」，銘文就有五百字，都長過《論語》裡最長的。但那些都可說是例外，如就《論語》這本書而言，說前面簡短的紀錄比較直接、比較可信還是可以成立的。

還有一點是思想上的衝突，譬如前面所談11.25章，不但有字數過長的問題，而其中曾點的「風、浴、詠歸」這段紀錄，清代乾嘉之間有位學者崔述寫了部《考信錄》，用來考證古史的真偽，其中的《洙泗考信錄》，專門針對孔子的生平學說作了一番詳實的考訂，他認為此章孔子稱道有道家思想的曾點，是「學老莊者之偽託而後儒誤采之也」，認定此章之絕不可信。還有像《陽貨》篇17.5與17.7章，都是寫孔子要去參加下屬的叛亂，在理論上說不過去，《季氏》篇首章，裡面記子路與子貢的事都與事實不很相符，證明《論語》經考證歷史，也有不可盡信的部分。

《論語》書中還有些文字，既不是記錄孔子的言行，也與弟子的言行無關，《微子》篇最後的三章都是與孔子或孔門無關的紀載，譬如 18.11 記的是：

周有八士：伯達、伯適、仲突、仲忽、叔夜、叔夏、季隨、季騧。

整章沒頭沒尾的只記了八個人的名字，毫無道理。張載說：「記善人之多也。」不知他根據何處，朱注說：「或曰成王時人，或曰宣王時人，蓋一母四乳生八子，然不可考也。」這種解釋有點荒唐，當然就十分牽強了。《論語》中像這類的文字還有，如：

邦君之妻，君稱之曰夫人，夫人自稱曰小童；邦人稱之曰君夫人，稱諸異邦稱寡小君；異邦人稱之亦曰君夫人。（《季氏》篇 16.14）

這章只記錄了對所謂國君夫人的幾個稱呼方式，跟後來清代的《稱謂錄》上所記的很像，其實與孔子或儒學沒有任何關係，朱注此章引吳棫的話說：「凡語中所載如此類者，不知何謂。或古有之，或夫子嘗言之，不可考也。」可見朱子對這樣的句子同樣也沒辦法。可能是古人為珍惜資源，往往利用書的空頁，將所聞所見隨時記錄下來，後來書借人抄錄（宋之前，書的流傳多數靠手抄），不慎將這些原不是書上的文字也一併抄下，轉抄幾手之後，就認為是原書之舊了，以上所舉的這幾段不很相干的文字在《論語》上出現，可能是這個原因，這現象不是《論語》獨有，在其他古書中也常見。

總之，《論語》是完成於眾人之手，又經後世「傳抄」了兩千多年，其中固然大部分是精華，可惜有的是因為編輯者的不慎，有的是後世傳抄久了，免不了也有糟粕混入，還好糟粕究竟屬少。崔述認為用《論語》來研究孔子的生平行誼最為合宜，因為《論語》「義理精純，文體簡質，較之《戴記》獨為得真，蓋皆篤實之儒謹識（志）師言，而不敢大有所增益於其間也。」然而他認為《論語》的後五篇比較可疑，我們在論及《論語》真偽的問題時所引用的理論與證據，大致都來自他的研究。他認為《論語》的後五篇之不可盡信，在於：

> 竊意此五篇者皆後人之所續入，如《春秋》之有《續經》者然，如《孟子》之有《外篇》者然，如以《考工記》補《周官》者然，其中義理事實之可疑者蓋亦有之，今不能以徧舉，學者所當精擇而詳考也。

此說不見得完全成立，但點出後五篇的問題，讀者也不可不注意。儘管《論語》在中國的歷史上，一直有極其崇高的地位，但此書流傳太久，影響過大，所以我們對其中的真偽問題，要有更為審慎嚴格的態度，以免誤讀誤判，也要避免將不是孔子的言論誤認為是孔子的言論，與孔子無關的思想誤認為孔子的思想，這是做學問重要的態度。本書在注釋與講析中，這類問題大多注意到了，重要處都會適時點出。

四、對《論語》的重新認識

古人曾說：「天不生仲尼，萬古如長夜。」孟子說：「自有生民以來，未有孔子也。」（《孟子・公孫丑上》）又說：「孔子，聖之時者也。孔子之謂集大成。」（《孟子・萬章下》）孟子的話指出兩點，就是孔子對孟子之前的中國文化有極為重要的象徵與實質意義。孟子只能批評他之前的事，其實，兩千多年之後再來看孟子的話，仍然覺得非常有意義。在孔子之前，中國有人，但不夠文明，有歷史，但缺少深厚的文化，這便是古人說的「長夜」。孔子的出現，像太陽把光帶到世界上，有了光之後，「天地位」、「萬物育」，世界顯示了秩序，萬物呈顯了價值，這是「天不生仲尼，萬古如長夜」的象徵意義。在孔子之前，不是沒有「聖人」，但聖人的言說只像一個小光點，散居在各自的歷史角落，沒能發揮很大的作用，孔子的偉大在於他「集大成」，他把歷史的小光點聚集成大火炬，終於照亮了時代，所以又說他是「聖之時者也」，孔子不只是歷史的英雄，而是時代的英雄。

舉個例子來說，孔子曾說：「政者，正也。子帥以正，孰敢不正？」（《顏淵》篇 12.7）他用道德上的「正」來解釋政治上的「政」，這是一種全新又影響深遠的解釋，在孔子之前，不論是鑄在鐘鼎彝器上的「金文」（又稱鐘鼎文）或刻在龜甲獸骨上的甲骨文，其中的「正」字都寫作[illegible]，都當作征伐一詞的「征」字來使用，充滿了戰伐與殺戮的含意。

不只如此，中國文化中許多有特殊意義的字或詞，原本比較俗淺，是到孔子時代才具有比較高的道德意涵，也在文化詮釋上產生了極高的能量。譬如孔子最喜歡標舉的「仁」字，在早期，仁原指植物種子的內部，後來引申為兩層的意思，譬如後來仍說的「杏仁」、「瓜子仁」，其實這才是「仁」字的原意，而孔子卻說：「巧言令色，鮮矣仁！」（《學而》篇 1.3）又說：「剛毅、木訥，近仁。」（《子路》篇 13.27）把仁字賦予了全新道德上的含意。不僅此也，孔子又說：「不義而富且貴，於我如浮雲。」（《述而》篇 7.15）也把義字的含意帶到極高的位置，義後來就代表正直、正義的意思，而其實，從造字的原理來說，義字並沒有這層意思的，從鐘鼎文或甲骨文上看，義指的是原始部落在戰爭前晚的誓師儀式，「義」字上部是羊首，下部的「我」字是古文「戉」的訛變，戉即鉞，是一種有柄的長武器，早期「義」字是指一人頭戴著有大角的羊頭面具，手揮舞著長長的武器，為明天的出征做祈勝的儀式，其實就是後來儀式「儀」的本字。跟「仁」字一樣，「義」字到孔子之後，才具有我們後來熟悉的意義。

光從這幾個文字的發展上看，就可以看出中國到了孔子的時代才算建立了成熟而有道德縱深的文化。當然孔子並不自居於崇高的位置，孔子心儀的對象是早他五百年的周公，認為周公「制禮作樂」，把中國帶出了洪荒，為中國確立了文化上的價值意義，孔子自謙，說自己只是「從周」（3.14），只是「述而不作」（7.1）的繼承了這項文化遺產。但周公的禮樂治國之道，如沒有孔子繼承發揚，五百年後，勢必澌滅毀壞，孔子曾感懷自己生在「鳳鳥不至，河不出圖」的壞時代，而有「吾已矣夫」的感嘆（《子罕》篇 9.8），但孔子從未「自棄」，他還是不停的講學，敘「述」出他的理想給他的學生與後世的人知道。所以孔子的「述」其實是文化價值上的大創「作」，孟子以萬古長夜比喻孔子生前的時代困境，以「聖之時也」說明孔子應時之生的時代意義，是再恰當不過的。

《韓非子・顯學》上說：「孔子墨子俱道堯舜，而取捨不同，皆自謂真堯舜。堯舜不復生，將誰使定儒墨之誠乎？」韓非的這個疑問很好，讓我們想到詮釋的問題。對《論語》作重新的認識必須牽連到對孔子的重新認識，而所有「認識」的活動，都與想詮釋他的人所處的時代有關。譬如在西漢，今文經盛行的時候，孔子不只是所謂的「聖人」，也是為天下建立價值與法則的「素王」（與天子有同樣地位只是沒有統治權力的人），他的著作與教材被稱為「經」，前面說過，經是直線的意思，代表一切價值之所歸，又有規範、法式與標準的含意。「經」既被視為最高的典範，當然不容懷疑，任何對六經的懷疑都被當作是褻瀆與不敬，是「大逆不道」的行為。

把孔子當成政治上的最高領導者，把六經當成治國的法典，今天看來，是扭曲了孔子與六經的價值。孔子在他所處的時代，只是一個小國家（魯國）裡的一個「士」，他雖然做過官，時間並不久，在政治上的影響並不大，漢儒說他「刪《詩》《書》，訂《禮》《樂》，贊《周易》，成《春秋》」，認為六經不是他的手訂就是他的著作，就算所說都對，而他手訂或著作六經的目的是知識的和道德的，也許與政治有些關係，卻絕不等於政治，這是必須釐清的。

我們現代人自然應走出古人的局限，重新評估古書與古人的價值。我們看孔子自不應再以「素王」看待他，也不能將《論語》視為治國的寶典，所以說「半部《論語》治天下」也不見得對，用「治天下」的觀念，其實是看「小」了《論語》。讀《論語》應該先看其中言論是否真出自孔子或孔子的弟子，然後依可信的資料來判斷孔子是什麼樣的人。從可信的材料，我認為孔子是這樣一種人：

第一，他整理了中國古代最可貴也最可信的文化材料，把這些材料流傳下來，對後來的中國文化發展，做了決定性的影響。我們不見得贊成漢儒的說法，認為六經是夫子的手訂與手著，但孔子設教，以此教人，終使六經可以閱讀流傳。六經中的《易》（《周易》）是最老的哲學材料，除了裡面有極豐富的古代社會的史料之外，藉著它，得以明白早期中國人的人生觀、世界觀與宇宙觀；《書》（《尚書》）是中國上古歷史的可貴材料，藉著它，可以明白古代政治社會的樣貌以及歷史的脈動與變化；《詩》（《詩經》）是古代中國的文學與音樂的材料，藉著它，可以了解中國文學、音樂乃至美學的內涵；《禮》《樂》是中國古代的政治制度與禮節習俗，藉著它，可以了解中國古代社會制度以及表達感情的形式，當然還有形式後面的意義。最後是《春秋》，古人都認定此書是孔子的手著，這是一部以魯史為本，史事擴及春秋各國的歷史專著，漢代以後的人都相信這部書有「微言大義」，認為孔子藉修史的機會，表現了他的政治理想，這種看法儘管有的地方很穿鑿，有的地方卻也不見得沒有有理由，不由得人不信，無論如何，《春秋》是後人研究春秋歷史與儒家政治哲學不可或缺的材料。

我們從孔子「述作」的六經，可以看出一個特點來，這六部經書雖然性質不同，但都有一個相同的部分，就是都是注重「人」的價值。在六經裡面，哲學是人的哲學、歷史是人的歷史、文學是人的文學、政治禮俗也是供人生存的政治禮俗，這些特色在今天看稀鬆平常，但在兩千五百多年之前，人類社會還多數被迷信煙霧所瀰漫的時代，六經堅信人的理智與價值，在很早的年代就把中國帶入「人文社會」，這在世界文明史上，是極高又極難得的成就。

在歐洲，「人文主義」（Humanism）是古希臘人反對物質主義，用了很大的力量建立起來的觀念，到了十四世紀，歐洲的「文藝復興」（Renaissance）運動便是要恢復古希臘的人文主義，當時與人文主義相對的是宗教的禁制與迷思，文藝復興時人常掛在口上的標語是「人的覺醒」，人要從唯物主義與宗教宰制下覺醒，主張人的價值超過一切，要知道，這種思考所形成的觀念，是經過長久的糾纏抗拒奮鬥才獲得的成果。而中國，在兩千五百餘年前的孔子時代就已達到了，而且從孔子之後，人文主義成了中國的傳統，沒有什麼糾纏，沒有什麼抗拒，更無須太大的奮鬥，中國文化，好像原本就是以人為根本的，從這點看，便知道孔子與六經的貢獻，他的貢獻不僅限於中國，而是為全世界提供了極其珍貴的人性的曙光。

其次，孔子是中國最早將教育推行到一般民眾身上的大教育家，這一點也十分重要。在古代，閱讀與知識都極為昂貴，受教育，完全是幾個有「國子」身分的人才負擔得起的，但孔子卻「有教無類」（《衛靈公》篇 15.38）的在故鄉推展他的教育工作，他「為之不厭，誨人不倦。」（《述而》篇 7.33）他又說：「自行束脩以上，吾未嘗無誨焉。」（《述而》篇 7.7）可見他真的把教育推行到民間，他的弟子中有的富如子貢，有的貧如原憲，有的以德行見長，有的以言語見長，有的敏於政事，有的精於文學，《論語》中有段紀錄：

> 孟武伯問「子路仁乎？」子曰：「不知也。」又問。子曰：「由也，千乘之國，可以治其賦也，不知其仁也。」「求也何如？」子曰：「求也，千家之邑，百乘之家，可使為之宰也，不知其仁也。」「赤也何如？」子曰：「赤也，束帶立於朝，可使與賓客言也，不知其仁也。」（《公冶長》篇 5.7）

孔子答客人的訊問，對自己的弟子的表現當然要謙虛，這便是孔子屢說「不知其仁也」的原因，但這章說明孔門的弟子真是各有來路，各有才性，教育的目的，不是揠苗助長，而是幫他們成人，每個人都有成人的機會，受過教育的人以後走進社會，可以各自發展自己的才幹，自立自強，服務大眾。孔子不只推展平民教育，而且因材施教，這是西方近代教育家的最高理想，而在中國，這理想早就由兩千多年前的孔子提出並具體實踐了。

這樣的教育方式，使得中國在很早的年代，就達到西方後來所謂「公平社會」的理想，而在中國，每個人只要受教育，能夠掌握充分的知識，就可以掌理國家大小不同事務，成為社會精英、國家的領導者，孔子死後近一百年有孟子（公元前三七二—二八九）誕生，孟子曾說：

舜發於畎畝之中，傅說舉於版築之間，膠鬲舉於魚鹽之中，管夷吾舉於士，孫叔敖舉於海，百里奚舉於市。（《孟子・告子下》）

請注意文中的「發」與「舉」字。孟子所舉的人物雖然早於孔子，但卻由孟子梳理出來一個歷史的緣由，這些古代的偉人，就是出身微賤，也都不妨礙他們未來領導群倫，這想法非常特殊，卻為孔子之後的中國人所共同深信。戰國時代，屢見一個平日不受重視的寒士，第二天平步青雲，有的竟然成為大國的宰相，蘇秦、張儀就是最典型的例證。漢代之後，地方官有「舉賢良方正」之士為國服務的義務，隋、唐之後，更有開科取士以選官員的制度，中國歷史上，雖表面上有大權在握的天子，但真正掌握百姓命脈的，是成千上萬的出身民間，且人數以千萬計的官吏，他們職司天下各項事務，而且有任期，也受監督，這使得中國比同一時期的西方各國，不論從民主化與公平性而言，都進步許多。

孔子的成就當然不只如此，歷來的人都對他有不同的評價，像這樣的討論已太多了，我不想再延續。上面說他以六經教人，提倡人文思想，在教育中，又因材施教、有教無類，肯定每個人都有權在社會發展他的才能，社會不能拋棄任何人，而任何人也不能拋棄自己，每個人都有他獨立的尊嚴，這是孔子對中國與世界文明歷史的最大貢獻。這些材料，在《論語》都有充分的紀錄，所以《論語》這部書，對所有中國人甚至於整體人類都是重要的。

卷一

學而第一

學而篇：全書首篇，共十六章。朱子謂：「此為書之首篇，故所記多務本之意，乃入道之門、積德之基、學者之先務也。」（《四書章句集注》）其實有些牽強，如推廣解釋，《論語》大部次篇章，都有「務本」之意，不以此篇為獨有（或以學習為務本，或以孝弟為務本，或以求仁為務本，不一），所以獨稱此篇為務本，有望文生義之嫌。此篇名「學而」，並不指全篇都在強調為學之道，古人習以一篇首章之前二字作為篇名，《詩》之《關雎》章，孟子之《梁惠王》篇莫不如此，不應作過當之解釋。

1.1

子曰：「學而時習之，不亦說乎？有朋自遠方來，不亦樂乎？人不知而不慍，不亦君子乎？」

【注釋】

1 子曰：子在甲骨與金文中都是象小兒形，春秋之後，借為五等爵名，並用以泛稱男子，故有「男子之通稱」說。此處子是尊稱老師、先生之代詞。曰即說。

2 **學**：《說文》：「學，覺也。」指因學習而覺悟。學又有效之意，即效法也。後覺者效先覺之所為，學生效法老師，接受老師之教導，也可稱之為學。

3 **時習**：時有三意，一指年歲，《說文敘》曰：「周禮八歲入小學。」《禮記・內則》曰：「六年教之數目，十年學書計，十三年學樂誦詩舞勺」等，都是指依學生年齡教之以學習之道。二指季節，古人常以季節時令變化學生學習內容，如春夏學詩樂，秋冬學書禮。三指時時言，即學者應不舍晝夜，時時勤學。謝良佐曰：「時習者，無時而不習。坐如屍，坐時習也；立如齊，立時習也。」今從三解。

4 **習**：《說文》曰：「鳥之數飛也。」指小鳥在巢中振翅習飛之貌。

5 **不亦說乎**：說即悅。春秋時尚無悅字，故以說字代之。不亦，當時口語，即今「不是也」、「不也是」之意。

6 **有朋自遠方來**：志同道合之友人自遠方來，與我同遊共學。

7 **樂**：程頤曰：「悅在心，樂主發散在外。」悅是獨自的，樂是與友人共用愉悅之情。

8 **不慍**：不生氣。

9 **君子**：在孔子之前，君原多指手握權杖，以口發號令之人，亦即國家之領導者，後君子一詞，慢慢引申泛指社會上的高層人士，《論語》中亦有指此言也，如《顏淵》篇12.19有「君子之德風，小人之德草。草上之風，必偃。」君子，即指國家或社會之領導者言。但在《論語》中，君子絕大部分是指一個才德兼具的人。程頤解釋這兩句說：「雖樂於及人，不見是而無悶，乃所謂君子。」

【語譯】

老師說：「學一件事如果能時時反覆練習，從而得到完整知識，不是很愉悅嗎？有朋友遠道而來，與我切磋學識，不是很快樂嗎？別人不知道我所學有成，我也不會有任何怨懟之情，能如此，豈不是一位才德兼修的君子嗎？」

【講析】

《論語》以此篇此章為首，或是偶然，或有深意。

孔子極重教學，殆無疑義，《述而》篇 7.2 曰：「默而識之，學而不厭，誨人不倦，何有於我哉？」施教必先自學，故學比教更為首要。

此章分為三個段落，亦可謂求學的三種境界。「學而時習」指的是初學，時習而所得益多，所知益廣，自然內心歡喜。「有朋自遠方來」，指學問達到一定程度，有友人自「遠方」來同遊共學，自己不復獨學，而可收砥礪、切磋之效，在求學之境界上，可邁入更高地步，自然更為可樂。應注意句中「遠方」二字，有朋自「遠方」來，可證來得不易，則友人的勉勵與印證，便更為珍貴。第三「人不知而不慍」指的是另一種學問與生命的境界，正如錢穆言，「學而時習」乃孔子十五志於學時之自況，「有朋自遠方來」，是孔子三十而立後始以當之。而「人不知而不慍」則是孔子五十而知天命之後的感受，因此錢穆說：「苟非學遂行尊，達於最高境界，不宜輕言人不我知。」「獨學」時要「悅學」，有友人時要與之「樂學」，可見求學是生命中喜悅的事。這種喜悅，可以抵抗人生許多苦難折磨，可以完成自己的才性與德性之美。這兩句正好說明儒家由個人而到群體的關懷方式。先是個人，後到群體，當我們發現了真理，不僅要「獨善其身」，還想要「兼善天下」，兼善天下是儒家的終極關懷。但萬一客觀條件不允許，別人並不認可我的「善」，那我又該如何？最後一句話，便是說明這個問題。假如我用整個生命證明這個善是有價值的話，這個善便值得我堅持，即使別人不認同，不願與我同行，我也要獨行其道，但即便此時，我也不會有一點怫鬱、生氣。這一方面說明孔子對學問中真理的堅持，也說明了在學問路途上，也跟生命路途一樣，是會遭逢許多孤獨的考驗的，讀者於此應充分體會。

1.2

有子曰：「其為人也孝弟，而好犯上者，鮮矣。不好犯上，而好作亂者，未之有也。君子務本，本立而道生。孝弟也者，其為仁之本與！」

【注釋】

1 **有子**：名有若。《史記・仲尼弟子列傳》曰：「少孔子四十三歲」，為孔子晚年弟子。據《史記》所載，孔子既沒，弟子思慕，有若狀似孔子，弟子相與共立為師，師之如夫子時也。但因應答無由，又被弟子廢之。

《論語》是孔子弟子和再傳弟子記錄孔子及其弟子言行的一本書，成於眾人之手。書中記孔子弟子皆稱字，孔子則直呼其名，如顏淵（回）、子路（由）、子貢（賜）雖在弟子中名高位顯，莫不如此。唯獨曾參與有若，書中稱之為「曾子」、「有子」，證明《論語》一書，或完成於二名弟子之手。（見前〈《論語》這部書〉一文）即便如此，有子、曾子之言，無論從輩分與記載年代言，均不應置於〈學而〉篇（第四章曾子言亦如此）。另，雖文中有「君子務本」，且朱子謂本章章旨是「所記多務本之意」，但此章放在〈學而〉篇第二章位置，究竟不倫，應是後人整理或傳抄時誤放位置，成「定本」後又未釐清，千百年來將錯就錯，以成此模樣。

2**孝**：孝字原意是「子承老」，上方⺹，為「老」之省文。意思是做子女的要繼承父母的意旨，後作解釋如《說文》之「善事父母者」。

3**弟**（ㄊㄧˋ）：同悌，弟本意專指兄弟中弟之一方之德行，兄弟雖同輩，但年紀居小，應充分尊重兄長，表示謙沖，弟後不僅指兄弟之道，也指在社會上與同輩人相處之道。

4**鮮**：少。

5**本立而道生**：根本樹立了，道理因而產生。

6**仁之本**：有若以為「孝弟」是「仁」的根本，而此處的「仁」是所有道德的基本代稱，仁字從「二人」，有與人相處的含意，鄭玄《禮記注》有云：「仁者，人也，讀如相人偶之人，以人意相存問之言。」所指即此。但我以為仁之具有道德的含意是孔子建立的，在孔子之前，仁最多僅指與人相處之道，而更早的仁字，是指種子的第二層內裡，如「花生仁」、「杏仁」之類的，人著厚衣，觸之甚無感覺，便有「麻木不仁」之譏，與道德意無涉。是孔子建立了「仁」的全新道德觀點，賦予仁最高的道德意涵。

7**與**：通歟，疑問、讚歎詞。

【語譯】

有子說：「一個人在家裡孝順父母，敬愛兄長，卻會去做犯上的事，就是有，也必定很少的。一個人不好犯上，卻會在外作亂，那更是沒有的。所以君子做事，都要從根本做起，根本樹立了，道德便也生成了。孝弟這類的事，豈不是為仁的根本嗎？」

【講析】

這章有子之言，不能說沒有道理，但放在全書最前面，與孔子之言並列，老實說並不合理。孔子之道的最高境界，其實就是「仁」道，仁是所有道德的最高或最後的成就，所以孔子從來不輕言許某事、某人「達仁」，只說某事、某人「近仁」。

「仁」是道德的最高成就，《孟子》：「仁也者，人也；合而言之，道也。」但這最高成就必須靠許多大節細行共建以求來達成，一個人與社會接觸之前先在家庭與家人共處，所以孝順父母、恭敬長上是所有道德生活的開始，也是基礎。人透過家庭生活，以完成人格實現，再將人格的實現推向更廣的社會，所以此處強調孝弟的重要，不是沒有正確理由的。程頤曰：「謂行仁自孝弟始，孝弟是仁之一事，謂之行仁之本則可，謂是仁之本則不可。蓋仁是性也，孝弟是用也。性中只有仁、義、禮、智四者而已，曷嘗有孝弟來。然仁主於愛，愛莫大於愛親，故曰孝弟也者，其為仁之本與！」說得很正確。另一方面，有子在比喻上卻以犯上、作亂相況，這使他的語言變得比較粗糙，也容易讓人聯想到儒家是為權威的「統治階層」立言。其實強調孝親、尊長，並不該只著眼在其人之後是否會犯上、作亂，如果指孝弟是品德的基礎，是操守的實驗場，也許會有更高的說服力。孔子以執御、執射來反應達巷黨人「博學而無所成名」之譏（《子罕》篇9.2），又以浮雲相況「不義而富且貴」（《述而》篇7.15），都說得很深入，也很感人，使用的況語兼具幽默與美感，有子與他老師相比，不論在道德認知或語言精緻的程度上，還相差一段距離。

1.3

子曰：「巧言令色，鮮矣仁！」

【注釋】

1 巧言令色：巧言，美好的語言。令色，好看的臉色。

2 鮮矣仁：少有仁心。仁，是指道德的最高成就，此處泛稱道德。鮮，少也。鮮矣仁，意指缺少了仁。

【語譯】

老師說：「一個人在別人面前喜歡說好聽的話，喜歡裝好看的臉色，這樣的人，仁心是很少的。」

【講析】

言與色都偏向外面，當然應該注意，但不能僅在意於此，而忘了更根本的內心。此章文字很清楚，無須過多說明。但須注意，孔子指道德以內心涵養為重，不在表面辭色做工夫，但也可能有道德極好的人，深具語言的能力，與人相處，也謙恭有禮，讓人喜愛又尊敬。故孔子只說鮮，不說無，不把話說滿說死，而且「鮮矣」二字有感慨的意味。

1.4

曾子曰：「吾日三省吾身：為人謀而不忠乎？與朋友交而不信乎？傳不習乎？」

【注釋】

1 **曾子**：名參（ㄕㄣ），《史記・仲尼弟子列傳》：「曾參，南武城人，字子輿，少孔子四十六歲。」

2 **三省**：省，省察、反省。三省有兩說，一，三次反省。二，以三事反省。兩說皆可。亦可一併解釋，即每日三省，所省者三事。古書三字，有作實數解，有作多數解，此處三省如照次數解，不須拘泥必定是三次，可作屢次解，而三省如作三事解，則所舉之事是具體的，就無可選擇了。朱子言「曾子以此三者日省其身」，今從朱說。

3 **為人謀**：為人計劃，為人辦事。

4 **忠**：盡己之為忠。

5 **信**：誠實無偽。

6 **傳不習乎**：傳有二解，一是從老師傳授所得，二是指自己要傳授給學生的。不習，如從一解，是反省「老師所授，我是否有作練習呢？」從二解是：「我教導學生的，是否為我熟悉的事呢？」今從二解。

【語譯】

曾子說：「我每天屢屢以三事反省自己：替人做事，有不夠盡心的嗎？與朋友相處，有不忠誠信實的地方嗎？我傳授給學生的，有不是我行之有年並深切感受的學問與知識嗎？」

【講析】

此章置於此，也有些不合理，請看1.2章注。

曾子每日三省，強調道德須有嚴密的自省工夫。朱子說：「曾子以此三者日省其身，有則改之，無則加勉，其自治誠切如此，可謂得為學之本矣。而三者之序，則又以忠信為傳習之本也。」隨時省察，德業日進，所以不論學習或施教，都須注意反省的事。

1.5

子曰：「道千乘之國：敬事而信，節用而愛人，使民以時。」

【注釋】

1 **道**（ㄉㄠˇ）**千乘之國**：道即導，領導。千乘，有兵車千乘的大國。也有一說，指古者井田方里為井，十井為乘，百里之國適千乘，故千乘之國指有土方百里之國，見劉寶楠《論語正義》。此章千乘，或指兵車，或指面積，無須拘泥，皆指有一定位階的諸侯大國。

2 **敬事而信**：敬，謹也，敬事，做事謹慎。信，真誠不欺詐。

3使民以時：徵調人民從事公務，必須不違農時。

【語譯】

老師說：「一個領導千乘之國的人，做事要謹慎專注，真誠而信實；節省政府的用度，要愛惜人民；徵調人民從事公務，必須注意季節，不要在農忙的時候擾亂人民。」

【講析】

本章是針對國家領導者而言，主題是領導者所須注意的事項。首先提出敬事而信，敬謹之心是領導者對自己的要求，所為一切攸關人民福祉，故須謹慎小心，所發號令，亦言出必信，如此則有利政令推行。節用而愛人，指的是民脂民膏，須珍惜不浪費，這是出於愛人惜物的心態。最後標出使民以時，是古時以農立國，人民生活、國家經濟均賴農產，故施政者必須注意，萬一要徵用民力，不得有違農時，荒廢生產，否則根本動搖，國就危了。這三項，展現了領導者高度智慧，而基礎則以愛人為本。

1.6

子曰：「弟子入則孝，出則弟，謹而信，汎愛眾，而親仁。行有餘力，則以學文。」

【注釋】

1謹而信：謹，敬慎。信，信實。

2 汎愛眾：汎同泛，於眾則廣泛愛之。

3 親仁：親愛就近仁者。親與愛同意，但愛較普遍，親則較深切。

4 行有餘力，則以學文：有剩下的力氣，就用來學文。行，指入則孝至泛愛、親仁諸事；有餘力，指那些事都做好了還有剩下力氣。文專指文字，泛指文學、文化與其他文字紀錄有關的知識等事。

【語譯】

老師說：「學生在家講孝道，出門則謙遜知禮，泛愛眾人，而親近仁者，這些事都做到了，還有餘力的話，就用來學習文章之類的事吧。」

【講析】

本章表面上看是德行比知識重要，但學者必須小心，不能誤判，孔子也說過：「質勝文則野，文勝質則史；文質彬彬，然後君子。」（《雍也》篇6.16）質指人的本質樸實無華，而文是指受文化、知識薰陶而具有神采的樣貌，假如只重質或只重文，各走極端的話，是有「野」或「史」的弊病的，所謂君子，須於兩方力求均衡發展，也就是「文質彬彬」了。一個人本質很好，天生有好的品德，當然很不錯了，但如不接受知識洗禮，充其量只能做個鄉曲的善人而已，這種人見聞不廣，心胸不大，是無法期許他能推善行於天下，以達至善的地步的，是故此章孔子雖曰：「行有餘力，則以學文」，是說當一個人把大部分德行都做到後再來「學文」，並不是把學文當成次要，而是對「學文」的事有更大的期許。

1.7

子夏曰：「賢賢易色，事父母能竭其力，事君能致其身，與朋友交言而有信。雖曰未學，吾必謂之學矣。」

【注釋】

1**子夏**：卜商，字子夏，原衛人，後適魯，孔門弟子，少孔子四十四歲，長於文學。孔子死後，曾在西河（今山西汾水附近）教授儒學，傳為魏文侯師，對後世儒學發揚很有貢獻。

2**賢賢易色**：上字賢做動詞用，是尊敬、崇尚的意思，下字賢則指一般賢德之人。易，改易，色，臉色儀容。易色，指見到賢人，應改變平時輕慢怠忽之性，而正色整容的意思。

3**竭**：盡也。

4**致其身**：委致其身的意思，將身體、性命交出，以示忠誠。

5**雖曰未學**：其人或以為未嘗為學。

【語譯】

子夏說：「看到賢人，能夠肅然起敬，毫不輕慢，事父母，能夠盡最大力氣，事君，能將性命都交出去，交朋友又信實可靠，這樣的人，雖然謙稱自己沒學過，我必說他已學過了。」

【講析】

這章意思很明白，子夏由幾件事來判斷有學未學之事。

歷來的爭議在「賢賢易色」這四字。傳統的說法是指見到賢人、遇到賢事，便該收其好色之心，（例如朱注：「賢人之賢，而易其好色之心。」）問題是就算一個平素輕慢的人，見到賢人在座，也不會無端引起「好色」之心的，所以子夏就沒有勸他「易其好色之心」的必要。還有一種說法是此章是從夫婦、父子、君臣、朋友四倫上立論，首言夫婦之倫，要重德不重色，引《毛詩序》：「《周南》《召南》，正始之道，王化之基」等說法，以明「樂得淑女以配君子，憂在進賢，不淫其色」。這說法不見得無理，但硬置此間，老實說也有點牽強，夫婦之倫就算重要，不見得一開始就討論德與色的問題。還有一種更是牽強的說法，王念孫在《廣雅疏證》中引此章說：「賢賢易色，易者，如也。猶言好德如好色也」，說是我們應以好色之心來尊賢了，豈不公然宣稱好色心是正當的呢？這說法很危險，稍一不慎，就成大錯，讀者不可不慎。

這句話其實跟人性是否好色無關，跟男女之間尊德斥色之說更無涉。《為政》篇2.8子夏問孝，子曰：「色難。有事弟子服其勞，有酒食先生饌，曾是以為孝乎？」文中的「色難」是指我們在孝順父母的行為中，要在辭色上一貫保持和順謙卑是不容易的，色難中的色字，是指容貌辭色而言，我以為便是此處「賢賢易色」中「色」字的本意。賢賢易色，是指見到賢人在前，應收起輕慢之心而肅然起敬。

1.8

子曰：「君子不重則不威，學則不固。主忠信。無友不如己者。過則勿憚改。」

【注釋】

1不重則不威，學則不固：重，厚重；威，威嚴；固，堅固也。朱子言：「輕忽外者，必不能堅乎內，故不厚重則無威嚴，而所學亦不堅固也。」

2主忠信：以忠誠信實為主。

3無友不如己者：指沒有朋友不如自己。朱子解無友為勿交不如己者，不採。如採朱解，無讀為ㄨˋ。

4憚：害怕、畏難也。朱注：「自治不勇，則惡日長，故有過則當速改，不可畏難而苟安也。」

【語譯】

老師說：「君子不莊重，便沒有威嚴，同時學問也不夠穩固。做事當以忠誠信實為主，要知道，沒有朋友是不如自己的。有了過失，不要怕改。」

【講析】

本章的爭議點是「無友不如己者」，歷來都採「勿交不如己者為友」的說法，朱子亦採之，曰：「無、毋通，禁止辭也。友所以輔仁，不如己，則無益而有損。」這個說法如從「從善」角度言，大致沒有問題，朱注引程子言：「學問之道無他也，知其不善，則速改以從善而已。」游酢說：「學之道，必以忠信為主，而以勝己者輔之。」都說得不錯。但這說法從邏輯推論，則有矛盾，我堅持不交不如自己之朋友，只交游酢所說的「勝友」，這事可以成立嗎？要知道友誼講求平等對待的，「勝友」也有選擇的權利，他也絕不會選不如他的人為友的，層層上推，往往世上最優秀的人，人人得想與之交遊，卻無一人可以為其朋友，品學最優的人竟成了世上最孤獨的人了，這樣的結果合理嗎？

假如把這句話解釋為：沒有一個朋友是不如自己的，這樣就比較妥當了。孔子不主張對朋友過分的求全責備，《顏淵》篇 12.23 有子貢問友，子曰：「忠告而善道之，不可則止，無自辱焉。」而朋友中優劣好壞，正可以做為自己勸善改過的依據，所以《述而》篇 7.21 有：子曰：「三人行，必有我師焉。擇其善者而從之，其不善者而改之。」本章如將孔子以上所言對照，便知道孔子真正的想法，孔子認為勝友敗友，於我而言都有可資借鏡的地方，所以從廣義而言，所有朋友都不能說不如自己。此章最後一句「過則勿憚改」與「（擇）其不善者而改之」相對照，可謂如出一轍，故本文採此說。

1.9

曾子曰：「慎終追遠，民德歸厚矣。」

【注釋】

1 慎終：終，喪禮。慎終，謹慎的處理喪禮。朱注：「慎終者，喪盡其禮。」
2 追遠：遠，人亡後的祭禮。追遠，因追念而祭祀。朱注：「追遠者，祭盡其誠。」
3 民德歸厚：歸，歸向，厚，淳厚。上位者提倡慎終追遠，在下人民的風俗便會變得淳厚。

【語譯】

曾子說：「為死去的人辦好喪事，為已過去的人辦好追思的禮節。人民的風俗就會變得淳厚了。」

【講析】

儒家肯定人之感情，並且認為這種感情向正面發展，可以形成一種極高尚且正面的力量。人有情，喜歡與人共處，喜歡祝福別人與自己一樣好，有時還會把自己奉獻出來，成就對方。這種捨己以成人的情操，在生物中僅為人所獨有，在西方，常將此視為宗教情懷，儒家不提倡宗教（「敬鬼神而遠之」，《雍也》篇 6.20），也對死亡過後的世界沒興趣（「未知生，焉知死」，《先進》篇 11.11），但對有情世界非常留戀，對人的生死，非常在意。孔子注意禮節，說過「生，事之以禮；死，葬之以禮，祭之以禮。」（《為政》篇 2.5），但孔子所主張的禮節不是刻板的教條，而是發自人的至情至性，葬祭之禮，是人子行孝道的最後表現，錢穆說：「對死者能盡我之真情，在死者似無實利可得，在生者亦無酬報可期，其事超於功利計較之外，乃更見其情意之真。」因為是純真的感情，將這種感情擴而充之，便有可能達到仁心仁道的最高地步，影響社會風氣，當然可使民德歸於淳厚了。

1.10

子禽問於子貢曰：「夫子至於是邦也，必聞其政，求之與？抑與之與？」子貢曰：「夫子溫、良、恭、儉、讓以得之。夫子之求之也，其諸異乎人之求之與？」

【注釋】

1子禽，姓陳，名亢。子貢，姓端木，名賜。皆孔子弟子。

2**求之與，抑與之與**：求之，問人以求知曉。與之，別人主動告訴你。句末兩與皆疑問語詞，通歟。

3**溫良恭儉讓**：溫，溫和。良，善良。恭，莊敬。儉，節制。讓，謙虛。

4**其諸異乎人之求之與**：其諸，語詞。人，他人。

【語譯】

子禽問子貢說：「我們老師每到一國，一定參聞該國的政事，這是他有心去求來的，或別人主動告訴老師的呢？」子貢說：「我們老師用溫和、善良、莊重、節制與謙虛的品德來得到這些消息。就算是求來的，也跟其他人『求』的方式不同吧？」

【講析】

儒家把人身與家國看成一體，所以跟關心人的品德與健康一樣，也關心國家政治的良窳，孔子到一國，必聞其政，主要是關心，並不見得是想「干預」其國的政治，更不是為了想得利。張栻說：「夫子至是邦必聞其政，而未有能委國而授之以政者。蓋見聖人之儀刑而樂告之者，秉彝好德之良心也，而私欲害之，是以終不能用耳。」說得也許有道理，但如說孔子似在意「委國授政」，無疑小看了孔子。孔子遭遇不好但從不對人世失去信心，仁是他認為的最高道德，他一直期許在人間有真正的「仁者」出，孔子關心政治不在謀官，而在尋找仁人可以找到、仁政可以施行的證據，這種努力，終身不渝。

子貢很幽默，會開玩笑。他說「夫子之求之也，其諸異乎人之求之與？」孔子關心政治並不在乎自己的出處，也沒有太大的功利色彩，請看溫、良、恭、儉、讓，都是品德的表現，而且處處自然，絕無一般干求者的嘴臉，讀者在此處，應可會心。

1.11

子曰：「父在，觀其志；父沒，觀其行；三年無改於父之道，可謂孝矣。」

【注釋】

1 **父在，觀其志**：父親在世，一切以父親為主，做兒子的，只有觀察父親的志向。

2 **父沒，觀其行**：父親過世，則觀察兒子的行為。

3 **三年無改於父之道**：父死三年之內，不改父親行事的方法。

【語譯】

老師說：「父親在世，只能觀察兒子的志向；父親死了，才能觀察他的行為，在三年之內，不改父親在世行為的方式，可以說是孝了。」

【講析】

此章的爭論在末句「三年無改於父之道」。尹焞說：「如其道，雖終身無改可也。如非其道，何待三年？然則三年無改者，孝子之心有所不忍故也。」所提問很正確，如果是合道理的事，應終身不改，不合理的話，不應等了三年之後才改，但此章明明說「三年無改於父之道」，使得尹焞無法解釋下去，只有猜想父親也許有不是很允當的行為，兒子有孝心，在三年內「不忍」盡去，這是很穿鑿的說法。游酢說：「三年無改，亦謂在所當改而可以未改者耳。」也是延續尹焞的說法。

又一說指三年無改父之道，是因為人子在三年守喪期間不可有所作為，所以行事一切遵循舊章，不作改異。此說也許可成立，但缺乏積極意義。

比較平實的看法是，此章所指是專對君主在位者而言。君王在位時，王儲只是備位，無權秉政，所以只能觀其志，等舊王已死，新君就位，起初三年，一切率由舊章，不馬上推行新政，這一方面彰顯孝思，一方面也為新政醞釀時機，是必要的兩全之計，下章有子曰：「禮之用，和為貴」，便是此理。真要改革的話，也要等待良機，急切的改革容易引起衝突，緩和推進則比較穩當。

1.12

有子曰：「禮之用，和為貴。先王之道斯為美。小大由之，有所不行。知和而和，不以禮節之，亦不可行也。」

【注釋】

1 用：用法、使用。

2 和為貴：以調和、融洽為貴。

3 斯為美：斯，此也，指禮也指和。

4 有所不行：也有做不到的地方。

5 知和而和：只知和的重要而一味的調和，變成沒有是非。

6 以禮節之：指以禮來節制和的濫用。節，節度，限制。

【語譯】

有子說：「禮在實施應用時，貴在能調和。先王之道，其美處在此。但大小的事都由此來進行，光是調和也有做不到的地方。如果只知道調和，卻不曉得用禮來節制，也是不行的。」

【講析】

此章是講禮的應用，而不是講禮的本質。

禮是源自人類天生對規則、秩序的要求，所以《說文》有「禮，理也」的解釋。當代有些學者（如李澤厚）解釋儒家的禮，老說是來自巫術，我不很贊成，當然人類早期的東西部分是與巫術有關，但有的是無關的，儒家的禮可以說更多是來自於人對顏色的排列、聲音的節奏及行動的規律等等的先天需求，涉世未深的小孩聽到音樂會不自主的打拍子、看到一堆石子會把它排成行列，都不見得是大人教他的，說明人有追求自由的天性，也有追求條理與規則的天性，後面這部分，應該是禮的來源。尼采將人類文化精神分成兩種截然不同特性，即太陽神式（Apollonian）與酒神式（Dionysian）的，太陽神式的代表形式、節制與對稱，又稱為古典式的，酒神代表的是解除束縛，追求自由，又稱為浪漫式的。儒家所強調的禮，很接近於尼采所說的太陽神，具有形式、節制與對稱的平衡，更重要的是禮跟法不一樣，法是規範，是外在的約束，而禮多是來自於個人對規範需求的自覺。

禮先天有一種限制的作用，這種限制雖最早發自於自覺，但後來在實施的時候，偶一不慎，就會變成硬邦邦的、一點都不能通融的「規矩」，往往像法律一樣的刻板了。因此有子說「禮之用，和為貴」，主張實行禮的時候，態度要溫和一點，不要像法律一樣的過於苛刻。和像是一種潤滑劑，可以讓本來窒礙難行的事順利實行。

但潤滑劑不能取代行為，同樣的，「和」只是一種態度與方法，還是不能取代更為根本的「禮」的，所以又說：「不以禮節之，亦不可行也。」

禮有時專指制度而言，如專指國家制度之制定與執行，此章的說法更為允恰。

1.13

有子曰：「信近於義，言可復也；恭近於禮，遠恥辱也；因不失其親，亦可宗也。」

【注釋】

1信近於義：信，一指人言，一指與人約定之言，皆通。朱注：「約信信也」，採後解。義，原指儀式而言，《釋名．釋典藝》曰：「義，正也。」又同書《釋言語》曰：「義，宜也。」正與宜都是義的引申義。此處的信近於義，是指所言皆為合適之言，都合乎道義。信近於義，言所言為合適之言。

2言可復：所言可以實踐。

3遠恥辱：遠離恥辱。

4因不失其親：因，依從，依靠。親，可親之人。

5宗：主也。

【語譯】

有子說：「許諾是合理的，便可以信守實踐。對人恭敬合乎禮節，則會遠離恥辱。遇有事須依靠人，則選擇可親之人以依從之，這樣便可以成為行事的宗主了。」

【講析】

此章談及處世的三種方式。其一許諾不是開空頭支票，許諾的事必須合情合理，才有兌現的可能，我們不但不該隨便相信開空頭支票的人，也應該要求自己不隨便開空頭支票，必期實踐諾言，諾言要能實現，必須合乎道義。其二是對人恭敬很好，但也要一切合理，過當的恭敬成了阿諛奉承，反而成了被人恥笑的緣由。其三是人是社會生物，生活上彼此緊靠，常須依循、依靠別人的幫助，當要依靠別人時，我們要選擇可親可靠的人，既已選定，不能三心二意，要充分相信他，以他的意見為主。

1.14

子曰：「君子食無求飽，居無求安，敏於事而慎於言，就有道而正焉，可謂好學也已。」

【注釋】

1食無（ㄨˋ）求飽，居無求安：無，不也。朱注：「不求安飽者，志有在而不暇及也。」

2就有道而正焉：就有道之士，以正其是非。

【語譯】

老師說：「君子吃不求飽，住不求安，做事很勤敏，說話很謹慎，又能常向有道之人求正其非，這樣可以說是好學的人了。」

【講析】

此章所言好學，不是只指篤好學識、努力讀書而已，而是指要認真學習做人。食無求飽，居無求安，無，並非指絕對不可、絕對不要，而是指君子以求道為尚，不在飲食、居住上多用其心。

1.15

子貢曰：「貧而無諂，富而無驕，何如？」子曰：「可也。未若貧而樂，富而好禮者也。」子貢曰：「《詩》云：『如切如磋，如琢如磨』。其斯之謂與？」子曰：「賜也，始可與言《詩》已矣！告諸往而知來者。」

【注釋】

1 諂：諂媚、卑屈。

2 驕：高傲、矜肆。

3 如切如磋，如琢如磨：《詩・衛風・淇澳》中句，切磋，指治骨器，切，切斷，磋，磨細。琢磨只治玉器，琢，初鑿，磨，研磨。朱注曰：「治之已精，而益求其精也。」

4 告諸往而知來者：言能聯想、推想。往，已言，來，未言。

【語譯】

子貢說：「人窮，不會諂媚，人富，不會驕傲，老師以為如何？」老師說：「應該可以了。但不如窮而樂道，富而好禮呢。」

子貢說：「《詩》上說：『治骨器時，切了還要磋，治玉器時，琢了還要磨』，指的是同樣的意思吧？」孔子說：「賜呀，可以跟你談《詩》了，說了前面會聯想到後面呢。」

【講析】

本章所言有兩個重點。其一道德的問題，任何道德都有消極一面，也有積極一面，消極一面在避免做不好的事，積極一面在求把事做得更好。譬如子貢所說的「貧而無諂，富而無驕」已經很不錯了，但僅是不錯而已，不能算最好，孔子所揭示的「貧而樂，富而好禮者」則有淬礪奮發、勇猛精進的含意，樂觀進取，積極努力是孔門真精神之所在。

其次孔子與子貢論及《詩》的問題。《詩》現名《詩經》，是春秋之前的一本詩歌總集，基本上是文學的書。但孔子一直認為，文學或藝術的美與道德的美是相通的，所謂「志於道，據於德，依於仁，游於藝」（《述而》篇 7.6），所以文學或藝術的素養對道德的成長很重要。文學鼓勵人的想像力，文學的真實也許不是現實的真實，但文學所帶來的想像，讓我們的世界在現實之外，變得豐富而多元，人靠著想像力創造出許多新鮮而有趣或有用的東西，這是讓人類文明進步的最大原因。要達到文學的世界，必須借重人的推想、聯想力。子貢由孔子說的「貧而樂，富而好禮者」聯想到《詩經》上說的「如切如磋，如琢如磨」，體悟出人生精益求精的可能，所以孔子說從現在起，可以與他談《詩》了，因為子貢已掌握到想像的鑰匙，可以讓思想進入更繽紛的世界了。

《論語》有好幾段談《詩》的文字，都與孔門的成德觀念有關，本章主體不是談《詩》，但所言其實涉及《詩》的內涵、意義及欣賞的問題，十分重要，讀者不要輕忽。

1.16

子曰：「不患人之不己知，患不知人也。」

【注釋】

1 患：憂也，擔心。

2 不己知：不知己。尹焞曰：「君子求在我者，故不患人之不知己。不知人，則是非邪正不能辨，故以為患也。」

【語譯】

老師說：「不擔心別人不了解我，只擔心自己不了解別人。」

【講析】

「不患人之不己知」，指君子不為外在的聲名而求學進德，可與本篇首章「人不知而不慍」句對看。不知人，則孤陋寡聞，為學者大病。

為政第二

為政篇：共二十四章，取名「為政」，與《學而》篇一樣，是依據首章前二字，並非通篇言為政之道。

2.1

子曰：「為政以德，譬如北辰，居其所而眾星共之。」

【注釋】

1北辰：即北極星。
2眾星共（ㄍㄨㄥˇ）之：眾星圍拱，皆繞北極星而旋轉運行。共，通「拱」，圍拱。

【語譯】

老師說：「從事國政的人要以道德為尚，譬如天上的北極星，自己安居其所，眾星圍拱，繞著它旋轉運行。」

【講析】

這章是針對國家的領導者而言，有些解釋說是孔子主張無為而治，政治要達到鳴琴垂拱、無言而化的道家式的境界，其實是錯的。此章是指國家的領導者要關心大局、做大事，不要只看到小處、只在小事上逞強。孔子論政主德化，大局與大事，都在道德層面，主政者要在品德上做國人的示範，這叫德治，孔子認為國家領導者把最重要的道德樹立好了，國政就會自然走上軌道。「居其所」就是要把自己的位置坐正了，一切都做得正確，卻無大張旗鼓之必要，所以並非凡事無為的意思。《顏淵》篇 12.19 有：「君子之德風，小人之德草。草上之風，必偃。」可以參照。

2.2

子曰：「《詩》三百，一言以蔽之，曰『思無邪』。」

【注釋】

1**《詩》**：指《詩經》，共三百十一篇，其中有六篇有目無詞，真正所有三百零五篇，稱《詩》三百，是舉其成數。

2**蔽**：蓋也。

3**思無邪**：這三字來自《詩・魯頌・駉（ㄐㄩㄥ）》：「以車祛祛，思無邪，思馬斯徂。」〈駉〉詩中「思無邪」的「思」字是發語詞，並無意義，也沒有概括全部《詩經》的含意。孔子引此「思無邪」，將發語詞「思」字作實字解，表面看有點弄錯了，但經此解釋，「思無邪」更具積極的含意，言《詩》三百篇，皆是心無邪念之作，《詩》來自詩人的至情至性，確實是「無邪」的。

【語譯】

老師說：「《詩》三百篇，用一句話可以涵蓋，就是『思無邪』。」

【講析】

「思無邪」三字也許來自《詩經》，但原本不是用來批評《詩經》的，這可確定。孔子用「思無邪」三字來論點《詩經》這本書，便很有趣。《詩經》這本書，雖然包括了風雅頌，作者有忠臣孝子，也有曠男怨女，來源很複雜，內容有的有益「風教」，有的無益，但整體上言，這些詩都是真心的創作，都是至情流露，所以從這個角度言，三百篇都是「無邪」的。這個解釋有積極的意思，因為寫詩的人純真而無邪，讀詩、解詩的人也要純真，且心無邪念才可真實領會。這牽涉到一個人對藝術或文學的態度，藝術（包括文學）的目的不在道德，但好的藝術卻能發揮道德的功能，就像亞里斯多德說過，當一個人面對盛大的美景如日出時，心靈必定是崇高的，崇高即聖潔，這是「好」的藝術都有積極道德作用的明證，但追求道德的美善，不是藝術的最高目的，道德只是藝術的副產品。

文學不一定要歌頌光明，詩也不必盡在正面立論，文學上呈現的陰暗面，其實是襯托證明光明存在的必須，所以孔子判定所有文學家、詩人的藝術創作都是無邪的，而欣賞者也要以無邪之心，才能進入文學與詩的真實世界。

其次須說明的是，此章標明「《詩》三百」，便不由得不使人想起《史記・孔子世家》中有段紀錄：「古者《詩》三千餘篇，及至孔子，去其重，取可施於禮義，……三百五篇，孔子皆弦歌之，以求合《韶》《武》雅頌之音，禮樂自此可得而述。」這是在經學歷史上最早的「刪詩」之說。歷來學者，贊成「刪詩」的人很多，如歐陽修、王應麟、顧炎武等人，反對的人也不少，如孔穎達、朱熹、崔述等人，當然各有理由。綜合而論，孔子有整理《詩經》的事實，但「刪詩」之說不可輕信，《論語》屢屢出現討論《詩經》之篇章，除本章「《詩》三百」之外，《子路》篇尚有：「頌《詩》三百，授之以政，不達，使於四方，不能專對，雖多，亦奚以為。」都以《詩》三百為成數，可見在孔子時，《詩經》一書已是三百餘篇，與今天所見，差異應不大了。

2.3

子曰：「道之以政，齊之以刑，民免而無恥；道之以德，齊之以禮，有恥且格。」

【注釋】

1 **道**（ㄉㄠˇ）**之以政**：以政令、政事領導民眾。道，同導，領導也。之，指百姓。
2 **齊之以刑**：以刑罰整頓、齊一民眾。齊，齊一。刑，刑罰。
3 **免而無恥**：避免犯罪，卻無羞恥之心。
4 **格**：一說至也，一說正也，皆通。

【語譯】

老師說：「用政令來領導人，用刑罰來整頓人，人只求免於處罰罷了，不會覺得自己犯錯是可恥的；以道德來領導人，以禮節來齊一人，人人會以犯罪為恥，而且會走上正途的。」

【講析】

孔子重視德治，與法治比較，德治是積極的，法治是消極的，法律充其量只能「禁制」人犯罪，而道德鼓勵人向善，能讓人自動朝好的地方走去。格，至也，至，止於至善也。朱子解釋得好，他說：「政者，為治之具。刑者，輔治之法。德禮則所以出治之本，而德又禮之本也。此其相為終始，雖不可以偏廢，然政刑能使民遠罪而已，德禮之效，則有以使民日遷善而不自知。故治民者不可徒恃其末，又當深探其本也。」所謂以犯罪為可恥，便會自動走上善途，這便是「有恥且格」，德治鼓勵人向善，是治民的正途，也是政治的根本。

2.4

子曰：「吾十有五而志於學，三十而立，四十而不惑，五十而知天命，六十而耳順，七十而從心所欲，不踰矩。」

【注釋】

1志：心之所至也。志於學：有心向學。

2立：有所成立。

3**不惑**：不疑惑。朱子曰：「於事物之所當然，皆無所疑，則知之明而無所事守矣。」「知之明而無所事守」是指智慧清明，不死守夾纏。

4**天命**：天道與命運。

5**耳順**：一切耳聞，皆無不順者。朱子曰：「聲入心通，無所違逆，知之之至，不思而得也。」

6**從心所欲，不踰矩**：從，隨也。矩，量方的器具，引申為法度。隨其心之所欲，而不超過於法度。

【語譯】

老師說：「我十五歲時，有志求學；到三十歲時，在學問上已能有所樹立；到四十歲時，對一般事理，能通達而無疑惑了；到五十歲，才知道什麼是天道與命運；到六十歲，目所見耳所聞，都明白貫通了；到七十歲，就算放任我心之所欲，也不至於違反規矩法度了。」

【講析】

這是孔子在晚年自敘他一生的重要過程，是十分重要的一章。

孔子曾說他一生有「下學」與「上達」兩階段（《憲問》篇14.37：「不怨天，不尤人。下學而上達。知我者其天乎！」）。此章志學、而立、不惑，是「下學」階段，一般人如知努力，皆易達成，韓愈說的「業精於勤，荒於嬉；行成於思，毀於隨。」韓所謂的「業精」、「行成」，是屬於「下學」階段，只要努力，是皆可以做到的。而「知天命之後」，再達「耳順」、「從心所欲不踰矩」，便屬於「上達」階段了，此階段並非盡是人力可及，即使用心，也不見得一定有成。

本章的重點在「知天命」三字，關鍵也在此，所謂「天命」是指天道與命運。天道是大自然運行的原則，命運則是人生命軌跡不可測的部分，二者均非人可以左右，譬如世事有消長、有枯榮，這種消長、枯榮的形勢，是人無法控制的，而人的命運，如得與失、遇或不遇，也不見得掌握在自己的手上，否則盜蹠日殺不辜，肝人之肉，竟以壽終，而賢如顏淵，卻短命而死，連司馬遷都三嘆道：「天之報施善人，其何如哉？」（《史記・伯夷列傳》）可見現存世界之外，還有一種世界，那個世界有另一種秩序，是我們窮盡一生也無法全然了解的。

到了五十歲，知道我們所見到的現象世界之外，還有另一種世界，便是「天命」的世界，孔子認為它並非操之於我，是我無法掌控的，但知道有它的存在，也算是「知道」了一部分生命的真實。面對這無法完全明白又無法掌控的世界，我們該怎麼辦？在西方世界，便將這事放到宗教上去討論，由信仰或祈禱上帝「垂憐」來幫助我們適應這種秩序。孔子則不然。他不說「信天命」或「任天命」，而說「知天命」，這是與宗教家最大不同處。「知天命」指我知道有天命這回事，也知道我無力完全掌控它，但天既生我，也讓我與聞天底下最奧祕的真理，可知我之存在是有意義的。「知天命」的另一層含意是我知道它，但我不「相信」它會左右我的「一切」，除了天命之限之外，這世界還留下了不少可供我奮鬥的餘地，我應努力為學，以望成人，至於最後能否有成，則不在我的預計之中。人生有限，這是天命，但有限的生命不妨礙我讓它變得有豐富的含意，讓它有意義，靠的是人的努力。後人常有泰山、鴻毛之喻（司馬遷《報任安書》：「人固有一死，或重於泰山，或輕於鴻毛，用之所趨異也。」），在儒家看來，人生意義的泰山、鴻毛之別，往往是操持在自己的手上，上天決定我怎麼死，而我可以決定自己怎麼活。

這種想法多麼堂堂，多麼具有「人」的光輝！孔子曾受困於匡，弟子都失志潦倒，但孔子說：

「文王既沒，文不在茲乎？天之將喪斯文也，後死者不得與於斯文也；天之未喪斯文也，匡人其如予何？」（《子罕》篇 9.5）明知有時時局不利己，凡事不順，但仍自信飽滿，認為天必不亡我，這是孔子的真精神，也是孔門力學的最高境界。王夫之說：「天以此理而為天，即以此理而為命；天以為命，而吾之所志、所立、所不惑者，固皆一因乎健順化生、品物流行之實，而非但循人事之當然，乃所以為人事之當然也。」說的是人事與天命相互搭配，才足以完成人生命的最高層意義。錢穆說：「孔子為學，至於不惑之極，自信極真極堅，若已躋於人不能知，惟天知之之一境，然既道與天合，何以終不能行，到此始逼出知天命一境界。故知天命，乃立與不惑之更進一步，更高一境，是為孔子進學之第三階段。」讀者於此，可深切玩味、體會。

2.5

孟懿子問孝。子曰：「無違。」樊遲御，子告之曰：「孟孫問孝於我，我對曰『無違』。」樊遲曰：「何謂也？」子曰：「生，事之以禮；死，葬之以禮，祭之以禮。」

【注釋】

1 **孟懿子**：魯大夫仲孫氏，名何忌。父孟僖子，遺命何忌學禮於孔子，算是早期孔門弟子，但後來孔子仕魯，主張隳三都（魯三家季孫、叔孫、孟孫專權，違法擴建都城，孔子主張強力拆除），何忌起首抗命，是以弟子傳不列其名。

2 **無違**：不違禮。

3樊遲：名須，孔門弟子。

4孟孫：即仲孫，也是孟懿子。

5對曰：下位者回答上位者用對曰，如本篇下文2.19哀公問曰：「何為則民服？」孔子對曰：「舉直錯諸枉，則民服；舉枉錯諸直，則民不服。」按孟懿子是孔子學生，答學生問不該用對曰，此處可能誤植。

【語譯】

孟懿子問老師該如何實行孝道，老師說：「不可違禮。」有次樊遲為老師駕車，老師告訴他說：「孟孫問我如何行孝道，我說『無違』。」樊遲問：「敢問老師，是什麼意思呢？」老師說：「父母活著，要以禮服侍他們；死了要以禮埋葬、以禮祭祀他們。」

【講析】

禮一方面是儀節，一方面泛指合理的事，故有「禮者，理也」的解釋。「生，事之以禮；死，葬之以禮，祭之以禮。」一方面指一切須依據禮制，一方面指事奉父母要盡情合理。所有的情，不論孝親之情、朋友之情、男女之情，都有一種熱誠的成分，不是儀式的禮或合理的禮能夠完全掌握、取代的。「死，葬之以禮，祭之以禮。」也許可以勉強成立，而說「生，事之以禮」，恐怕不能曲盡孝道的最大涵義，因為缺乏熱情。

所以此章所言應有特殊的針對性。孟孫氏是魯國三家爭權奪利的要角，三家僭禮也是後來魯國「禮壞樂崩」的亂源之一。孟懿子問孝，孔子教之凡事以禮，除孝親之外，看出來是有所特指的警示作用的。朱子言：「人之事親，自始至終，一於禮而不苟，其尊親也至矣。是時三家僭禮，故夫子以是警之，然語意渾然，又若不專為三家發者，所以為聖人之言也。」

2.6

孟武伯問孝。子曰：「父母唯其疾之憂。」

【注釋】

1 **孟武伯**：前章孟懿子之子，名彘。

2 **父母唯其疾之憂**：此句有三說，一指父母擔心子女健康，子女必須維護自己健康，以免父母憂心。二指人子能使父母不擔心子女不義，只以子女之疾為憂。此兩說，憂者皆是指父母。三指子女孝順過勤，反使父母不安，子女唯當以父母之疾病為憂，其他無須過分操心，憂者是子女。今採一說。

【語譯】

孟武伯問孝，老師說：「父母最擔憂的是子女生病了。」

【講析】

朱子說：「言父母愛子之心，無所不至，惟恐其有疾病，常以為憂也。人子體此，而以父母之心為心，則凡所以守其身者，自不容於不謹矣，豈不可以為孝乎？」此處朱子說得很好。

2.7

子游問孝。子曰：「今之孝者，是謂能養。至於犬馬，皆能有養；不敬，何以別乎？」

【注釋】

1 子游：姓言，名偃，吳人，孔子弟子，《史記》記小孔子四十五歲，《孔子家語》以為小三十五歲。

2 養（ㄧㄤˋ）：飲食供奉也。

【語譯】

子游問孝。老師說：「現在講孝道的人，都在飲食奉養上講究。我們畜養犬馬也都會供應飲食的，假如對父母不敬，與供應犬馬有什麼分別呢？」

【講析】

朱子以為此章主旨在「甚言不敬之罪，所以深警之也。」所言無誤。胡寅曰：「世俗事親，能養足矣。狎恩恃愛，而不知其漸流於不敬，則非小失也。子游聖門高弟，未必至此，聖人直恐其愛踰於敬，故以是深警發之也。」胡寅以為子游為孔門高弟，恐其事父母有「愛踰於敬」之嫌，便有些臆測成分，此說不見得可以成立的。要知《論語》記事記言極簡，弟子所記，以孔子之言為重，對弟子與時人之所問，往往不夠詳盡。子游也許問孔子行孝時是否要注意「敬」的問題，孔子答以如此，行文時為求簡便，僅以「問孝」兩字帶過，這是《論語》常有的現象，說者應求平實，不可作過當解釋。

2.8 子夏問孝。子曰：「色難。有事弟子服其勞，有酒食先生饌，曾是以為孝乎？」

【注釋】

1 **色難**：色，面色、臉色，指態度而言。色難，指曲意承順父母之顏色是很困難的，臉色雖為表面，但多為內心之真情流露。

2 **弟子服其勞**：弟子為幼者，指子女。服其勞，做勞苦的事。

3 **先生饌**：先生為長者，此指父母言。饌，吃喝。

4 **曾是**：乃是、算是。

【語譯】

子夏問孝。老師說：「孝順父母，和顏悅色是比較困難的。有事時，由子女操勞，有酒食，讓父母吃喝，這樣就算是孝順嗎？」

【講析】

《禮記．祭義》上說：「孝子之有深愛者，必有和氣；有和氣者，必有愉色；有愉色者，必有婉容。」又說：「嚴威儼恪，非所以事親也，成人之道也。」「和氣」、「愉色」、「婉容」都指行孝者要有好的態度，而這種態度絕不是裝腔作態，都是發自子女的真心，所以所謂「色難」，其實就是「心難」。

為什麼孔子會說到「色難」？人就算有修養，也會受情緒影響，有時父母的想法或意志與我不同，我勉強順從，會很容易碰到「色難」的問題，孔子曲盡人情，在小地方特別講究，所以言及此事。此篇一連四章說孝，雖因人因事而有所不同，但都可以見到孔子曲盡人情的地方。孝字，依《說文》的說法是「子承老也。」是「老」與「子」合併成的一個字，後來隸、楷流行，便省去了「匕」這部分，就成了目前「孝」字的模樣，儒家強調孝道，就逐漸把「子承老」的原意改成「善事父母」了。

「子承老」這一層意義是說這一輩是從上一輩來的這一事實，只強調上下相承，沒有其他含意，但到「善事父母」這一層面，要講究的就多了，不論形式與內容，都有許多可討論的地方。孝親本是應該，但牽涉到上下二方，也牽涉到夾在裡面的其他人物，所以也是很複雜的事，過分把責任放在子女一方身上，也會造成一些禁錮。更為嚴重的是，後人往往將「事君」、「事父」視為同一件事，這樣「資於事父以事君而敬同」（《孝經》的「移孝作忠」），表面在翼護名教，其實使名教大壞，清末提倡「沖決網羅」的譚嗣同在其《仁學》說：「君臣之禍亟，而父子夫婦之倫遂各以名勢相制為當然矣，此皆三綱之名之為害也。」所謂「三綱」是以「父為子綱」為核心的。

這不是說孝道要取消，有天倫存在，孝的觀念便無法消失。講孝道，孔子講的最好，一切都盡情又合理，孔子以後，就有點說雜了，很多地方，說的過於僵硬，立場上又過於偏向既有權勢一方。

2.9

子曰：「吾與回言終日，不違如愚。退而省其私，亦足以發。回也不愚。」

【注釋】

1回：顏回，字子淵，孔子弟子。

2不違如愚：不違，意不相背，有聽受而無問難也。如愚，像愚人般。

3私：燕居獨處，非進見請問之時。

4發：對夫子所教，有所發揮。

【語譯】

老師說：「我跟顏回說了一整天話，他只聽不問，像個愚人一般。等他獨處時，我觀察他的言行，卻能發揮我所說的。顏回呀。他真的不笨呢。」

【講析】

朱子的老師李侗說：「顏子深潛純粹，其於聖人體段已具。其聞夫子之言，默識心融，觸處洞然，自有條理。故終日言，但見其不違如愚人而已。及退省其私，則見其日用動靜語默之間，皆足以發明夫子之道，坦然由之而無疑，然後知其不愚也。」說明此章所指。

錢穆以為此章是顏淵始從學時，孔子對他的稱道，「若相處既久，當不再為此抑揚」。所言甚諦。

2.10

子曰：「視其所以，觀其所由，察其所安。人焉廋哉？人焉廋哉？」

【注釋】

1所以：以，因也。所以，因何而做此事。

2所由：由，所經之路也。所由，即做事的方法。

3所安：安，安於此結果。朱注：「安，所樂也。所由雖善，而心之所樂者不在於是，則亦偽耳，豈能久而不變哉？」

4焉廋（ㄙㄡ）：焉，何也。廋，藏匿。

【語譯】

老師說：「從一個人為何做這件事、如何做這件事，與做完後是否安心來觀察他，這個人要怎麼躲藏呢？這個人要怎麼躲藏呢？」

【講析】

此章孔子示人觀人之法，觀人之法就是後來的所謂「相人術」。視其所以，是由動機上看；觀其所由，是由做法上看，而察其所安，則從安心之處上看，從這三方面觀察人，人的人格與心地都無所遁形，這是知人的最基本途徑。

2.11

子曰：「溫故而知新，可以為師矣。」

【注釋】

1 溫故：溫習舊有所知。

2 知新：有新的所得。

【語譯】

老師說：「能從溫習舊聞中悟出新知來，便可以做人老師了。」

【講析】

此章可解釋為尊重歷史，因為不論古今中外，人類社會一直在不斷重複著一些事，而人的心理過程，也往往相似者較多，因此研究歷史，往往得到新的領悟，形成新知，可以用以應付現實之所需。

但提倡「溫故」還有一個原因，是古代書籍極少，孔子時代書籍尚以簡牘的形式存在，即使「學富五車」，其實並不多，所以學者得須熟讀習誦故籍，將舊聞與自己生活經歷相結合，以悟出另一種詮釋的新意，以求知而言，這是一種不得已的方式。但這種方式也有好處，便是極重視內外融合，把客觀與主觀的樊籬打破，使得知識的價值沒有舊與新的差異。朱子解釋此章：「學能時習舊聞，而每有新得，則所學在我，而其應不窮，故可以為人師。若夫記問之學，則無得於心，而所知有限，故《學記》譏其『不足為人師』，正與此意互相發也。」

黃宗羲說：「讀書不多，無以證斯理之變化；多而不求於心，則為俗學。」當然黃宗羲生於明末，已能見到一些「知識爆炸」的結果了，當時書已極多極多，學者必須廣泛閱讀，否則不能窮盡變化萬端的「理」。但他後來又說「不求於心，則為俗學」，「求於心」即指與心中既有的所知融合，可見「溫故而知新」，並不落伍，因為溫故知新是必須用心的。

2.12

子曰：「君子不器。」

【注釋】

1 不器：不以一才一藝視之。器，器具。

【語譯】

老師說：「君子不像一個器具，不能以一才一藝來看他。」

【講析】

此章是《論語》中最短的一章之一（另一章是《衛靈公》篇 15.38：「有教無類」），孔子只說了一句話，一句話僅四個字，但含意很深遠。

器就是器具，凡器必有功用，而不器不是指無用，而是君子的價值不能以器具的功能來衡量。

還有一個意思是，君子的功能無法計量，有時看似無實用，卻往往能具有更大的作用。

現代社會，分工日細，強調專精，常將個人視為大時代的小螺絲釘。假如這只是謙虛，尚無不可，但將人比擬成物件的小部分，其實是一種「物化」，極致物化的結果是人喪失了人的獨立人格，人的意義也因而蕩然了。

人與世界其他物種同時存在，固然有與之相同的屬性，但人還是有異於其他物種的部分，譬如人知道愛人（仁），知道推愛（義），這也就是孟子所說「人之異於禽獸者幾希（同稀）」的「幾希」了。人能為器不算壞，至少有用處，不是廢物，不做敗類，但人只以不成廢物、敗類自居就太消極了，也太看輕自己了，所以「君子不器」四字有更積極的、更強調人格獨立的含意，此章雖簡短，但分量極重，絕不可輕視。

2.13

子貢問君子。子曰：「先行其言，而後從之。」

【注釋】

1 先行其言：先把要說的話做到。

2 而後從之：而後，指言。

【語譯】

子貢問如何才是君子。老師說：「說話之前先做，做了之後再說。」

【講析】

這段話語意很清楚，孔子認為作為一個君子，做比說重要，光說得到、說得好，都不如一個腳踏實地能履行實踐的人。

但讀者得記得此章是子貢問君子，孔子的回答只限於道德實踐哲學上面，所以不能擴大範圍來解釋，要知道世上有許多科學，是無法「先行其言」的，也有一些所謂的「純知識」，是獨立於實踐要求之外的。

2.14

子曰：「君子周而不比，小人比而不周。」

【注釋】

1周：普遍。

2比（ㄅㄧˋ）：原意兩兩相並，此喻偏黨、偏私。

3小人：一指被君子領導的平民，一指無德之人，此指無德之人。

【語譯】

老師說：「君子與人普遍親愛，不會偏黨營私；小人只曉得結黨營私，卻不與人普遍親愛。」

【講析】

《論語》常將君子、小人對比，以方便說明。君子、小人有以地位言，有以成德言。以地位言，君子指國家或社會的領導者，小人指被人領導的人；以成德言，便成為「好人」、「壞人」之分了，此處是用後者的含意。

君子的愛是大愛、博愛，小人的愛是小愛、私愛，所以君子修絜其身，公忠體國，小人只知道利己，只會結黨營私了。

歷來的注釋，多只將此章做道德的解釋，或有不止於此者。此章也可以解釋大學問與小知識之間的差異，「周」是整體，「比」是指可兩兩相比的小技巧、小技術，大學問家看得周到些，注意的是知識的整體，不像「小兒科」的學問家只賣弄手邊的餖飣之學。如果做此解的話，此章的君子與小人，又應是另一種指涉了。

2.15

子曰：「學而不思則罔，思而不學則殆。」

【注釋】

1罔：無。只學不思，則迷惘而無所得。

2殆：危險不安。

【語譯】

老師說：「光是學習，不曉得思考，所學的便迷惘而無用；光是亂想，不求實際驗證，就會造成危險了。」

【講析】

由此章看來，孔子主張學思並用，只學不思，則失去自我；只思不學，學問得不到驗證，則會變成危險。《荀子・勸學》說：「吾嘗終日而思矣，不如須臾之所學也。」則主張客觀的學比主觀的思更為重要，其實荀子的這段話，也是從《論語》來的，孔子曾說：「吾嘗終日不食，終夜不寢，以思，無益，不如學也。」（《衛靈公》篇 15.30）所言對象與事理不同，時空相異，容或輕重有差，讀者於此應善於體會，不可過於拘泥。

2.16

子曰：「攻乎異端，斯害也已！」

【注釋】

1攻：治，專治，指從事或研究。

2異端：理的極端部分。

【語譯】

老師說：「專向極端部分用功，就有害了。」

【講析】

此章傳統都解作孔子視其他思想為異端而要加以排除，范祖禹說：「異端，非聖人之道，而別為一端，如楊墨是也。」其實孔子人格很寬弘，孔子之道也甚博洽，《論語》很少見到對其他思想有責難、排斥之處，何況孔子之時，尚未到百家爭鳴之時，一些後世儒家視為「異端」的楊、墨、佛氏都不存在，故此異端，應指事務另一方的極端而言。

如果把「攻」當成專治解，攻乎異端就是研究異端的意思，孔子擔心人在開始研究時方向走偏了，之後的知識整體就有偏執之虞。解釋這句話，得看研究的目的何在，專研的目的在學習其內容當然容易出問題，但有時要解決錯誤必須從研究錯誤入手，如專研「犯罪心理學」，目的在防止罪犯，所以「攻乎異端」，也不能一概判定是有「害」的。

2.17

子曰：「由！誨女知之乎？知之為知之，不知為不知，是知也。」

【注釋】

1 由：姓仲，名由，字子路，《史記‧仲尼弟子列傳》曰：「卞人，少孔子九歲」，是孔門重要弟子。

2 誨女：誨，教誨。女，同汝。

【語譯】

老師說：「仲由，我教你的事，你知道了嗎？知道就說知道，不知道就說不知道，這樣就等於是知道了。」

【講析】

朱子解釋此章說：「子路好勇，蓋有強其所不知以為知者，故夫子告之曰：我教女以知之之道乎！但所知者則以為知，所不知者則以為不知。如此則雖或不能盡知，而無自欺之弊，亦不害其為知矣。」所說也許不錯，但一定要將「子路好勇」牽連扯進來，似有解釋過當之嫌。孔子對子路說這段話，與子路好不好勇完全無關。「不知」是求知的動機，人只有在承認不知的狀況下，才會去追求真知。孔子揭示「不知為不知，是知也」，這是求知活動中的真相。

2.18

子張學干祿。子曰：「多聞闕疑，慎言其餘，則寡尤；多見闕殆，慎行其餘，則寡悔。言寡尤，行寡悔，祿在其中矣。」

【注釋】

1子張：孔子弟子，姓顓孫，名師，陳人，少孔子四十八歲。

2干祿：求仕。干，求也；祿，俸祿，做官的薪俸，此喻官位、官職。中國在孔子時代，尚未有後世的考試選舉制度，但讀書人之優秀者，經適當之選拔，亦可進入高層貴族社會，在「官場」工作，而得俸祿，此稱為「仕」，子張所欲學者在求此。

3闕：同缺，空下，放一邊。

4疑：疑惑。殆，危也。呂大臨說：「疑者所未信，殆者所未安。」

5尤：罪過。悔，悔恨。程頤說：「尤，罪自外至者也。悔，理自內出者也。」

【語譯】

子張問該如何求仕進。老師說：「多聽人說話，把有疑點的先空下來，其餘要說的話也謹慎的說，這樣就很少有人指責你了；多看人做事，把你覺得不安的事先空在一邊，其餘的也很謹慎的做，自己就會少了悔恨。說話很少被人指責，做事自己也少後悔，求官的道理就在裡面了。」

【講析】

本章是孔子跟子張講求官或做官之道，內容限定在求官、為官的範圍內。「干祿」指在初求職時，所得的官位也不可能甚高，沒有獨立自主的機會，所以一切言行均得小心翼翼，不可隨便。此處孔子之言不能隨便引申，而更不可視為做官或做人的最高原則。

做官必須謹慎，求官則更是。所謂「多聞闕疑，慎言其餘；多見闕殆，慎行其餘」就是指初求職時對不懂的話要少說，對不會的事要少做，這樣讓別人找不出自己的缺點，便不會讓自己陷於危殆不安。

這句話跟孔子平時所言所行是很有差異的，孔子在道德上堅守立場，絕不妥協，對行道德之事，總是勸人勇猛精進，而此章只在「慎言慎行」、「寡尤寡悔」兩層上立論，比較欠缺道德的積極性。主要這是孔子答子張「干祿」之問，立論自然比較停留在「技術」層面上，而非用以解決人生更原則性的問題的。讀者於此，必須分辨清楚。

2.19

哀公問曰：「何為則民服？」孔子對曰：「舉直錯諸枉，則民服；舉枉錯諸直，則民不服。」

【注釋】

1 哀公：魯君，名蔣，哀為謚號。

2服：服從，心服。
3錯：措也，置也，置於其上。
4諸：之於。於古音烏，諸為「之於」兩字之合音（於，古音ㄨ）。
5枉：不直。

【語譯】

魯哀公問道：「如何可使人民心服？」孔子對答道：「舉用正直的人，放在不直的人上面，人民就服了。要是舉用不直的人，放在正直的人上面，那人民是不會服的。」

【講析】

此章的「服」可當心服解，也可當服從解。程頤說：「舉錯得義，則人心服。」解作心服。謝良佐說：「好直而惡枉，天下之至情也。順之則服，逆之則去，必然之理也。」則作服從解。服從必先心服，故也可以通。

章旨在談政治上的正直與否的問題，其實這問題甚為重要。儒家強調德治，德治是從一個人的修養上一路推展出去的直道，不借他道，不走彎路，如此合人心之外還最為便捷。政治當然也講方法，有時候也須施些「手段」，但方法與手段都是技術的問題，不是施政的宗旨。

用人的標準也在此，儒家認為合理的政治是君子領導小人，而非小人領導君子。既是如此，就應讓清流正直的人當道，所以主張要「舉直錯諸枉」，否則天下就大亂了，豈只是人民「服」或「不服」的事呢？

2.20

季康子問：「使民敬、忠以勸，如之何？」子曰：「臨之以莊則敬，孝慈則忠，舉善而教不能則勸。」

【注釋】

1季康子：魯大夫，季孫氏，名肥。康，諡號。曾主魯國政局。
2敬忠以勸：即以敬忠與勸。以，與也，而也。勸，勉勵也。
3臨之以莊：以莊重的態度面對別人。臨，面對。用於上對下。
4孝慈：孝其老、慈其幼。
5舉善：拔舉有善行之人。

【語譯】

季康子問：「要使民眾以敬、忠相互勸勉，應該怎麼辦才好？」老師說：「你對他們莊重，他們便敬你，你自己做好孝長慈幼的事，他們便對你忠誠，你拔舉好人來做事，並且教導能力不足的人，他們就會彼此勸勉向善了。」

【講析】

季康子問得很堂皇，「使民敬、忠以勸」，要讓人民既敬重又忠誠，豈不是高明的政治口號嗎？敬與忠都是正面的道德，值得提倡，但孔子認為，不能要求被你統治的人民對你一味的既敬又忠，所謂的倫理，其實就是人與人之間的關係，人與人相處，是相互對待的，好與壞的結果往往是雙方造成的，不能責之一方。因此要「使民敬、忠以勸」，施政的人也必須先做一些讓人可相對應的事。

「臨之以莊」、「孝慈」與「舉善而教不能」這三者是使人民既敬又忠的條件。臨之以莊是指君主對人民的態度要莊重，不可輕浮隨便；孝慈是指君主本身要既孝又慈；舉善則指使賢者在任，教不能則指提高教育，讓「不能」者都能得到好的教養。孔子注意到社會上最優秀的人與不算優秀的人的現實處境，希望不論賢愚，社會都有他們發展的機會。可見孔子論政，不在表象上立論，他切入的，往往是政治上最根本、最深入的問題，那便是品德與教育，而且強調，社會風氣的良窳，居位者的責任比他統治的人民更大。

2.21

或謂孔子曰：「子奚不為政？」子曰：「《書》云：『孝乎惟孝，友於兄弟，施於有政。』是亦為政，奚其為為政？」

【注釋】

1 或：有人。
2 奚不：何不也。
3《書》：《尚書》。
4 孝乎惟孝、友於兄弟，施於有政：《書・周書・君陳》文，原作：「惟爾令德孝恭，惟孝友於兄弟，克施有政。」此篇本《書》逸文，東晉時有人將之列入《尚書》之中，後人稱為《偽古文尚書》，《論語》此處引文，與《偽古文尚書》之文又略有出入。孝乎「惟孝」，讚美大孝之詞。「友於兄弟」，善於兄弟。「克施有政」，指將孝、友精神擴大，使之施行於政治上。

【語譯】

有人問孔子道：「先生你為何不從政呢？」孔子說：「《尚書》裡這麼說：『（這人）孝啊，真是孝啊！又能友愛兄弟，再把孝、友的精神發揮在施政上。』這麼說來，施行孝、友，就算從政了，何必一定要做官呢？」

【講析】

此章有兩層含意，其一是政治源自於修身，孝順長者、友愛同輩與齊家、治國同樣有價值。其次孔子表明不願從政，當在魯哀公十一年孔子自衛返魯後，此後投身教育、述作生活，不再干預政治事務。但孔子對政治一向關心，朱子說：「蓋孔子之不仕，有難以語或人者，故托此以告，要之至理亦不外是。」錢穆言：「此乃孔子在當時不願從政之微意，而言之和婉，亦極斬截，此所以為聖人之言。」但錢穆以為此章所記，是在魯定公初年或魯昭公末年，此時孔子尚未正式入仕，當時魯國政局甚亂，或是。

2.22

子曰：「人而無信，不知其可也。大車無輗，小車無軏，其何以行之哉？」

【注釋】

1人而無信：人如無信。而，如也。

2大車無輗（ㄋㄧˊ）：大車，平地載重之車。輗，轅端橫木，縛軛以駕牛者。

3小車無軏（ㄩㄝˋ）：小車，輕車。軏，轅端上曲，鉤衡以駕馬者。輗、軏都是車上主司連接的零件，缺少便無法令車輛運行。

【語譯】

老師說：「一個人不講信用，就像大車上沒有輗、小車上沒有軏一樣，要車如何行走呀？」

【講析】

信字原意是指人口頭傳達的訊息，本沒有道德的含意，後解釋作履行承諾的意思，更推而廣之，成為真誠信實的代名詞，此處用的是推廣義。信字做為道德的含意解，便是相信別人，也相信自己，這種互存的「信任」感，源自於人性中最珍貴的「真情」，所以信字也可作真誠、信實解。試想，假如沒有這一股真情，不期其實現，所有道德豈不都成了虛情假意？所有禮節豈不成了一種空文虛套？因此真情是重要的，信任也是重要的，真情與信任是所有道德得以實現的基礎。

2.23

子張問：「十世可知也？」子曰：「殷因於夏禮，所損益，可知也；周因於殷禮，所損益，可知也；其或繼周者，雖百世可知也。」

【注釋】

1 十世可知也：三百年後的事可以預知嗎？世，三十年為一世，又稱一代，十世約三百年。

2 殷因於夏禮：殷因襲了夏朝的制度。因，襲也。禮，此指制度。

3 損益：損，減少。益，增加。

【語譯】

子張問：「十世後的世界，可以預知嗎？」老師說：「殷代因襲著夏禮，有所增減，也都可以考證而得知；周代因襲著殷禮，有所增減，也可考證得知。以後有繼周而起的，雖百世也可以預知的呀。」

【講析】

此章主旨在說變與不變。世事多變，這是表面所看的現象，但變中總帶有不變的成分，有點像生物學中的DNA，不管多久多遠，都還可以以之推測來源、預測未來，這不變的成分是人類歷史得以發展且綿延不絕的理由。

其次談到「禮」這個字，禮本指行禮的儀節，據說周朝便是以禮治國，禮便又指國家的禮制、制度而言了。此處的禮，一方面指國家的制度，也可以擴而充之指社會的禮俗，一代的風氣言。不論制度、禮俗或風氣都隨時代有所更迭，但其中也有不變的因素，能掌握這種特性，雖百世而可料，所以這「預言」是十分科學的，孔子依據歷史事實而預測未來，不像一般的求神問卜，不但沒有任何宗教的色彩，更沒有一點迷信的成分。

2.24

子曰：「非其鬼而祭之，諂也。見義不為，無勇也。」

【注釋】

1 **鬼**：古通常與神相對，神指自然神祇，鬼指祖考之英靈。

2 **諂**：諂媚。

3 **見義不為**：知道該做的卻不做。

【語譯】

老師說：「祭祀的不是自己祖先的英靈，是諂媚。知道該做的卻不去做，是沒勇氣。」

【講析】

古代祭祀大致分兩種，一是祭天地神靈，這種祭祀很講階級，不能躐等，譬如天子可祭五嶽，諸侯就不可，要祭就算僭越。另一種祭祀是祭拜祖先（鬼），講究的是親疏遠近之別，而且非其鬼不得祭，這便是本章「非其鬼而祭之，諂也」的來由。此章所言兩事（諂、無勇），初看彼此無涉，但細究還是有關連。非其鬼本無須祭，仍祭之，表示討好該鬼之後人，孔子判斷他諂媚，主要是因為他有過分的欲求。當一個人欲求太多，就無法「剛毅」，遇事考慮周詳，自然也無法成為勇者了。孔子曾批評過申棖，說「棖也欲，焉得剛？」（《公冶長》篇 5.10）可證。

卷二

八佾第三

八佾篇：共二十六章。此篇連上篇最後二章，所論皆禮樂事。可見《論語》的編輯，也注意到依性質分類之問題

3.1

孔子謂季氏：「八佾舞於庭，是可忍也，孰不可忍也？」

【注釋】

1八佾：（、一）佾，行列也。古代行禮時多有舞生列隊為舞，天子八佾，共六十四人；諸侯六佾三十六人；大夫四佾十六人。

2季氏：魯大夫季孫氏。

3是可忍也，孰不可忍也：這事可忍，其他還有什麼不可忍的。是，此也。孰，何也。

【語譯】

孔子批評季氏說：「他是魯國的一個大夫，祭祀時竟然在行禮時大跳八佾舞，這事如可忍，那

天下還有何事不可忍呢？」

【講析】

此章批評季氏僭越放肆，用語十分強烈。

孔子最崇拜的古人便是周公，周公的功業在「制禮作樂」。禮樂之制可以說是一種生存的法度，是人倫道德規律化的一種展現，因為規律化，所以非常講求秩序，秩序就是指前後尊卑（指空間與時間）有一定的位置，沒有秩序的禮，不能算是禮。孔子極重禮樂，認為禮有上下之分，不容僭越。季氏以大夫之位，行天子之禮，就是僭越。舞列大小，無實際影響，表面上此事甚微，不會引起周王與諸侯之間地位動搖的問題，但孔子看來卻很大，因為禮雖然只是儀式，卻來自最根源的人心，人心一亂，則禮壞樂崩，天下也就大亂了。

孔子言禮，言極愷切。孔子認為禮是世間秩序，行之有年，不容隨便更易，這看起來有些保守，而維護此秩序，當然有利於已當權的上位者，所以時至近代，多對孔子在此方之保守持相反意見，以為儒家是既有政權的維護者。其實孔子維護禮制，崇尚秩序，目的並不是為上者的權位計，而是為人心道理計，這是必須先明察的。

3.2

三家者以〈雍〉徹。子曰：「『相維辟公，天子穆穆』，奚取於三家之堂？」

【注釋】

1三家：指魯大夫孟孫、叔孫、季孫三家。古時天子所有稱天下，諸侯封地稱國，大夫封地稱家。當時三家專權於魯國。

2以〈雍〉徹：〈雍〉，《詩・周頌》中的一篇。徹，同撤。祭禮畢，撤祭品，樂人奏〈雍〉以娛樂。

3相（ㄒㄧㄤˋ）維辟公，天子穆穆：《詩・周頌・雍》中句。相維辟公，天子主祭時，諸侯助祭。相，助祭，辟公，指諸侯。穆穆，深遠又優美，形容天子威儀。

4奚：何也。

【語譯】

魯國的孟孫、叔孫、季孫三家，行家祭時在撤祭的過程中演唱〈雍〉詩，孔子說：「〈雍〉詩上說：『四方諸侯前來助祭，天子威儀，是那樣莊重優美啊。』明明是天子的樂章，為何演出在三家的堂上呢？」

【講析】

本章與前章都是批評魯國當時三家不合禮制的事。

上章談到孔子維護禮制，不是為了替既有的權力代言。此章批評三家不合禮的行為，要知道此時魯國之政局掌握在三家手上，而孔子所處的時代，不但周天子的大權旁落，魯君也不是魯國權力實際的掌握者。孔子如果投機，可以為當時亂禮的天下諸侯或魯國三家稱好，為他們找藉口，因為有權力的一方是他們，但孔子卻對持有權力的一方嚴詞批評，不稍假借，可見孔子維護禮制有更高的道德意涵。

3.3 子曰：「人而不仁，如禮何？人而不仁，如樂何？」

【注釋】

1人而不仁，人如不仁。而：如也。

2如禮何：指禮對他有何用之意。

【語譯】

老師說：「假如沒了仁，那禮對他有什麼用處呢？假如沒了仁，那樂對他又有什麼意義呢？」

【講析】

此章是說禮、樂的根本在人心。孔子在此標舉了一個「仁」字，《學而》篇1.2提及「仁」字自古就有「相人偶」的含意，所謂「相人偶」，指人與人相處的道理，不論將仁解釋作「愛人」，或「親愛」，都是指與人相處的道理，皆要發自真心，本之至誠，因為真情實意是所有道德的基礎，也是所有道德的最終意義。

一個人失去了這「本心真意」，就成了一個虛假的人，這時再美的儀表，即使禮、樂在身，都成了虛文假套，沒有意義，可見「仁」是禮樂的根本。

老子曾批評儒家講禮樂說：「禮者忠信之薄，而亂之首。」（《老子・三十八章》）這跟他評論人間智慧說：「知（智）慧出，有大偽」（《老子・十八章》），如出一轍。其實禮如徒具形式，非發自於真心真情的「仁」，老子說的禮之至於「忠信之薄，而亂之首」就可能發生，因此孔子才要強調說：「人而不仁，如禮何？人而不仁，如樂何？」

3.4

林放問禮之本。子曰：「大哉問！禮，與其奢也，寧儉；喪，與其易也，寧戚。」

【注釋】

1 **林放**：魯人。
2 **禮之本**：禮的根本。
3 **大哉問**：贊詞，謂所問極為重要。朱注：「孔子以時方逐末，而放獨有志於本，故大其問。蓋得其本，則禮之全體無不在其中矣。」
4 **奢**：指禮過多文飾，顯得奢華。
5 **儉**：質樸。
6 **易**：簡易。指一切以現成既有形式辦理，喪禮辦得簡易而流暢。
7 **戚**：同慼，哀傷也。

【語譯】

林放問禮的根本。老師說：「這真是個大問題呀！禮，與其過於奢華，不如質樸些好；治辦喪事，與其辦得過於流暢簡易，不如把重點放在真情哀傷上面的好。」

【講析】

此章談禮的本質。禮有內在的部分，也有外在的部分，內在的部分是人最真的感情，而外在的部分則是形式，禮如無內在部分僅有形式，那禮就是一種虛套，而禮如缺少形式的部分，就無法表達實行了。所以最好的禮，是內外兼具，既有真情，又有適當的儀式，得以曲盡人情的好。

但真情才是禮的根本，就跟盡哀才是喪禮的根本一樣，禮不該只追求外緣而忘了本質。范祖禹說：「夫祭與其敬不足而禮有餘也，不若禮不足而敬有餘也。喪與其哀不足而禮有餘，不若禮不足而哀有餘也。禮失之奢，喪失之易，皆不能反本，而隨其末故也。禮奢而備，不若儉而不備之愈也；喪易而文，不若戚而不文之愈也。儉者物之質，戚者心之誠，故為禮之本。」范氏之說，清明周愜，是最好的解釋。

3.5 子曰：「夷狄之有君，不如諸夏之亡也。」

【注釋】

1夷狄：古人稱中國之外之地，東為夷，西為戎，北為狄，南為蠻。

2君：指君主。

3亡：無也。

【語譯】

老師說：「那些夷狄有君，還不如諸夏無君呢。」

【講析】

此章有二說。一是夷狄有君，而諸夏競相僭篡，等於無君，則諸夏不如夷狄。一說夷狄有君而無禮，諸夏即便無君而禮尚存，則夷狄不如諸夏。程頤說：「夷狄且有君長，不如諸夏之僭亂，反無上下之分也。」是主前說者。一語之所以有多說，在於記事不夠詳細清楚。假如孔子在此言之前，批評了諸夏競相僭篡的狀況，那前說就成立了，假如文中點明有君更須文明有禮，則後說可以確定了。語譯採用後說，但前說也可並存。

3.6

季氏旅於泰山。子謂冉有曰：「女弗能救與？」對曰：「不能。」子曰：「嗚呼！曾謂泰山，不如林放乎？」

【注釋】

1旅於泰山：祭於泰山，泰山依禮只有周天子與魯國國君可祭，季氏為魯之大夫，行旅祭於泰山，僭也。旅，祭名。泰山，在魯境。

2冉有，孔子弟子，名求，少孔子二十九歲，時為季氏家宰（主持季氏封地事務的大臣）。

3救：止也。

4不如林放乎：神不享非禮，如泰山允許季氏僭禮，則不如林放之知禮。林放事見本篇3.4。

【語譯】

魯國的季氏竟然在泰山行旅祭，違反了為人臣的規矩，老師問冉有說：「你能阻止他嗎？」冉有很禮貌的回答道：「沒辦法。」老師便說：「唉，神是不享非禮的，要說泰山神竟允許季氏這麼胡鬧的話，那祂豈不是連林放都不如了嗎？」

【講析】

此章十分有趣，很有反諷意味，但主題是討論很嚴肅的「禮」的問題。

上面說過，禮是一種秩序，有一定的形式與規則，既是秩序，當然講求上下、遠近的關係。禮上規定只有天子可以祭五嶽，諸侯也可以祭拜在他國內的五嶽大山，不是天子或諸侯祭之就算僭，現在季氏以一個魯國大夫的身分，竟行天子或諸侯的大禮，在孔子而言，是無法忍耐的罪行（參見本篇首章），當時冉有任季氏家宰，所以責冉有止之。

但冉有回答甚妙，他不答以設法救之，救之不成方說不能，卻直接說：「不能」，不只讓老師的期許落空，又十分不給面子，依一般道理言，孔子會更為生氣才是。但孔子的回應很幽默，他本可以再罵季氏一次，並指責冉有的不負責任，但他知道這麼做其實沒什麼作用，便把矛頭對準泰山神，說泰山如受此禮，便不如前章問「禮之本」的林放了。語氣變得輕鬆起來，但語意還是很堅定，行文一弛一張，使讀者玩味更深。

3.7

子曰：「君子無所爭，必也射乎！揖讓而升，下而飲，其爭也君子。」

【注釋】

1 **射**：依《儀禮》所記，射禮分大射、賓射、燕射、鄉射四種。大射是貴族晉用治下善射之士前的射箭比賽儀式；賓射是貴族之間相見的禮節；燕射是貴族於飲宴間進行的娛樂活動；鄉射行於平民之間，是民間健身娛樂的方式。此處的射，應是指大射之禮。

2 **揖讓而升**：大射之禮，雙雙前進，彼此三揖而升堂。揖，兩拳相握作拱手狀，也叫「作揖」，古時行禮的方式。揖讓，相互作揖並示謙讓之意。

3 **下而飲**（ㄧㄣˋ）：下堂相互敬酒。

【語譯】

老師說：「君子不與人爭，除了行大射禮的時候。兩兩三揖而升堂，比賽後下來，又相互敬酒，這樣的爭，才是君子之爭呀。」

【講析】

射是指射箭的技藝，源自更早的遊牧社會，後來形成一種禮節儀式，寓健身與娛樂兩種含意，是古代很受歡迎的團體活動，孔門也將之列於「六藝」之一。

射禮兩兩升堂，以射較量，自然有決勝負之意，但這種勝負的較量，不是原始的赤裸裸的相搏，而是有文化意涵的競賽，勝者講謙讓，敗者顯大度。朱子說：「大射之禮，耦進（雙雙進場）而後升堂也。下而飲，謂射畢揖降，以俟眾耦皆降，勝者乃揖不勝者升，取觶（酒杯）立飲也。言君子恭遜不與人爭，惟於射而後有爭。然其爭也，雍容揖遜乃如此。」朱子之言，把握了儒家對射禮的真精神。其實所有禮節，都寓有雍容揖遜的精神。人因謙虛而偉大，這是為什麼孔子崇尚禮樂的理由。

3.8

子夏問曰：「『巧笑倩兮，美目盼兮，素以為絢兮』，何謂也？」子曰：「繪事後素。」曰：「禮後乎？」子曰：「起予者商也！始可與言《詩》已矣。」

【注釋】

1 子夏：孔子弟子，姓卜名商。

2 巧笑倩兮，美目盼兮，素以為絢兮：畫中的美女笑得很美、美目顧盼有神，都是從素白的底子畫上彩色的。倩，本指人的兩頰，此指笑時牽動兩頰，很美好的樣子。兮，語詞。盼，原指眼睛黑白分明，此指眼睛轉動，十分好看。素，白色，指畫的底色。絢，絢麗，多彩而美麗。此三句首二句巧笑、美目來自《詩・衛風・碩人》，第三句不知來自何處，朱子以為是「逸詩」。

3 繪事後素：所有繪畫的事，都要在白色粉底上進行。朱子曰：「謂先以粉地為質，而後施五采，猶人有美質，然後可加文飾。」亦說先繪各種色彩，再用白色勾勒文采。《考工記》曰：「繪畫之事後素功。」今不取。

4 禮後：禮必以忠信為質，猶繪事必以粉素為先。

5 起：發也、明也。

【語譯】

子夏問：「《詩》有『巧笑倩兮，美目盼兮，素以為絢兮』的句子，是指什麼而言呢？」老師說：「你看繪畫，都不是先有粉底，再把彩色畫上去嗎？」子夏說：「先忠信，後禮義，是同樣的道理吧？」老師說：「能發明我的說法的，就只有卜商你啦，現在開始，可以與你談《詩》了。」

【講析】

此章表面在談《詩》，其實在說禮。禮有內在與外在的部分，內在部分就是朱子說的以忠信為質，外在的節度與儀式，是禮的文飾部分，屬於外在的部分，禮不能沒有外在的形式，但徒有形式，也往往成了不具實質意義的虛套，這跟詩裡描述的美人是一樣的，美人必須麗質天生，先有「天生」的本質，才可以在上面化妝以求更美。「繪事後素」指的是一切弄得很美的東西，需要先有個可以立基的地方，所以本質是最重要的，以此喻禮，可知禮與忠信的重要。

孔子要自己的兒子先學《詩》，再學禮（見《季氏》篇16.13），可見他對《詩》與禮的重視。詩與禮各涉及不同領域，但其中也有相通的地方，所以孔子在聽到子夏說：「禮後乎？」便確定子夏已經知道禮的含意與作用，最重要一點是子夏又知道推想或聯想，孔子判斷從此之後便可以與他進一步談《詩》了，因為文學是最重聯想的。讀者於此應深加玩味。

3.9

子曰：「夏禮吾能言之，杞不足徵也；殷禮吾能言之，宋不足徵也。文獻不足故也，足則吾能徵之矣。」

【注釋】

1 **夏禮**：夏代的禮節、禮制。
2 **杞**（ㄑㄧˇ）：周的封國，周封夏代之後在杞。
3 **徵**：證也。
4 **宋**：周的封國。周封殷人之後在宋。
5 **文獻**：文指典籍，獻，賢也，指耆老賢人。

【語譯】

老師說：「夏代的典章制度，我是能跟你們說的，可惜夏代後人所在的杞地，不足佐證我所說的了；殷代的典章制度我也能談的，可惜殷人所在的宋國，也無法佐證我所談的了。這是典籍與耆老都不足的緣故，如果足夠的話，是都可以證明給你們看的。」

【講析】

子張問「十世」，孔子曾說：「殷因於夏禮，所損益，可知也；周因於殷禮，所損益，可知也」（《為政》篇2.23）這是本章「夏禮吾能言之」的來源。世事有變，卻也有不變的部分，假如掌握了不變的原則，便可預知未來，孔子所用的方法是合理的推測，用這種合理推測的方式，雖十世之後的世界，也大致可知，之前，當然更無問題了。

但推測的「合理性」也必須回到現實，歷史、文化的推測，必須取得有憑有據，並充分得到現象世界的佐證，否則便是空談，因此古籍所載資料極為可貴，除此之外，「田野調查」也十分重要。史載顧炎武「生平精力絕人，自少至老，無一刻離書。所至之地，以二騾二馬載書，過邊塞亭障，呼老兵卒詢曲折，有與平日所聞不合，即發書對勘；或平原大野，則於鞍上默誦諸經注疏。」（《清史稿・本傳》）顧氏載書自隨，又呼老兵卒詢曲折，都是徵引文獻以為佐證歷史的例子。

孔子雖能言古禮之興替，但苦於能證印的機會很少，杞國、宋國有夏、殷後人所在，但那裡的人已完全遺忘了自己的歷史，要想憑他們來佐證以前發生過的事，已屬空想了。所以此章有另一含意，即是對歷史間隔、文化斷層所發出的嘆息。尤其孔子是殷人之後，面對時代的動亂、文化的沉淪、歸屬的無依，「既痛逝者，行自念也」，他的感受比一般人更重，讀此須想到孔子對歷史文化的沉痛感，此章的深度也在此。

3.10

子曰：「禘自既灌而往者，吾不欲觀之矣。」

【注釋】

1 禘（ㄉㄧˋ）：本是周天子的大型祭典，用在天子之喪，新天子奉其神主入廟，必先祭始祖，然後將之下的歷代之祖也排列先後，一併祭拜，稱為吉禘。所以古說有：禘，禘祭也，以序昭穆（長為昭，穆為幼）。又審禘字，原有次第義。除吉禘外，天子一般五年有一禘祭。與禘並稱的是祫（ㄒㄧㄚˊ）祭，《說文》：「祫，大合祭先祖親疏遠近也。」魯國為周公的封地，地位特殊，得賜可行此大祭，但依理而言，並不適合。

2 灌：祭祀時以酒灑地的儀式，古人常將之置於禮儀之間，行禘祭時，灌之前尚有其他儀式，灌之後才將列祖列宗神主依次排列祭祀。

3 不欲觀：不想再看。魯國有禘祭，已不算合理了，但禘祭到底是流傳久遠的大祭典，孔子曾仕於魯，不得不參加此一大典。禘祭特重親疏遠近，然而自灌以下，魯對先祖的排列有違常理，魯僖公死後，其子文公將僖公神主置於魯閔公之前，閔、僖二公都是弒君而接位的，兩人又是庶兄弟（同父異母兄弟）的關係，雖然僖公為兄，閔公為弟，但閔公畢竟比僖公先為魯君，文公卻將神主顛倒，孔子以為是「逆祀」，既是逆祀，當然更不欲觀了。朱子言：「蓋魯祭非禮，孔子本不欲觀，至此而失禮之中又失禮焉，故發此歎也。」

【語譯】

老師說：「魯國的禘祭典禮，從灌之後，我就不想再看了。」

【講析】

此章所說的禘祭，說法有很多種，彼此意見不見得相融，讀者欲明全體，可參看劉寶楠的《論語正義》。

本篇首章提及，孔子仰慕周公，極重禮樂，認為禮有秩序性，有上下之分，不容僭越。魯國是周公的封地，魯君是周公的後人，在春秋時，魯國應該是個禮樂文化的示範國才對，但在孔子看來，其實魯國也禮壞樂崩的厲害，如按規矩言，魯國根本沒有禘祭的資格，朱子言：「灌者，方祭之始，用鬱鬯之酒灌地，以降神也。魯之君臣，當此之時，誠意未散，猶有可觀，自此以後，則浸以懈怠而無足觀矣。」我們從前章「殷禮吾能言之，宋不足徵也」看出，因為孔子是宋人之後，他對宋的敗壞隳亡引以為憾，此章對魯國的現況，他也很搖頭，而他卻是個生於斯長於斯的魯國人。這證明，孔子與他的時代、他的社會，很多地方都有些格格不入。孔子喜歡和群眾在一起，但在群眾中，卻常是個十分孤單的人。

3.11 或問禘之說。子曰：「不知也。知其說者之於天下也，其如示諸斯乎！」指其掌。

【注釋】

1禘之說：有關禘祭的說法。

2不知也：孔子對魯行禘祭，當然有看法（詳見前章），但因為仕於魯，話不好直說、詳說，故推說不知也。

3示諸斯：示，同視。諸，之於，介詞。斯，此也，孔子說完指其掌，斯即其手掌也。

【語譯】

有人問關於禘祭的說法。老師說：「我不知道呀，知道這說法的人，他對天下的事一定明瞭得如明瞭這個一樣。」一邊說著，一邊指向自己的手掌。

【講析】

此章承上章而來，都在討論禘祭的事。上章孔子說：「禘自既灌而往者，吾不欲觀之矣。」已表明對魯之行禘祭之不滿，尤其既灌而後，更失秩而又草率。孔子因為是魯臣，不得不觀禮，但實在「觀」不下去，而有以上的感嘆。這次有人問禘祭的事，孔子不想重複，便推說不知道，又因對魯還是有感情在的，假如要說的話，也會有所忌諱。

但合不合理很明白，是非對錯只有一個，孔子自指其掌，便是說明此中消息。《中庸》有言：「宗廟之禮，所以祀乎其先也。明乎郊社之禮、禘嘗之義，治國其如示諸掌乎。」《中庸》此語此說，顯然從《論語》此篇而來。

3.12

祭如在，祭神如神在。子曰：「吾不與祭，如不祭。」

【注釋】

1祭如在：祭祀祖先時，如祖先就在面前。此祭指祭祖先。

2祭神如神在：祭天地神靈時，如天地神靈就在面前。此祭神，指祭天地之神。程頤說：「祭，祭先祖也。祭神，祭外神也。祭先主於孝，祭神主於敬。」

3與（ㄩˋ）：參與。

【語譯】

祭祖時，要當祖先就在面前，祭天地諸神時，要當天地神明也在面前。孔子說：「祭祀時，我若不能親身參與，就如同不祭吧。」

【講析】

孔子平時罕言鬼神的事，但身處在孔子那個時代，也不可能完全否定有鬼神存在，孔子之學，強調人事，他說過：「敬鬼神而遠之」（《雍也》篇，6.20），意指對鬼神雖要敬畏，卻要保持距離。這「敬」字很重要，敬的意思，除了尊敬之外，還包含了謹慎，我們對鬼神世界，不能亂下判斷，所以一切行事，以敬謹為宜，這是孔子對一切祭祀所抱持的態度。范祖禹說：「吾不與祭如不祭，誠為實，禮為虛也。」敬以誠為基礎。其實不只對鬼神要敬要誠，人生的態度也該是要誠，《中庸》說：「唯天下至誠，為能盡其性；能盡其性，則能盡人之性；能盡人之性，則能盡物之性；能盡物之性，則可以贊天地之化育；可以贊天地之化育，則可以與天地參矣。」可見在儒學家看來，事人與事天是一貫的，當然也是相通的。此章強調的「祭如在」，應從這個觀點來看。

3.13

王孫賈問曰：「與其媚於奧，寧媚於竈，何謂也？」子曰：「不然，獲罪於天，無所禱也。」

【注釋】

1 **王孫賈**：衛大夫。

2 **媚於奧**：討好奧神。奧原指大房間的西南角，為尊者所居之位。奧神則司一屋之主，古人迷信，常設禮祭拜。

3 **寧媚於竈**：寧願討好比較小的竈神。竈神司飲食，與人的生存更有關聯。

4 **禱**：祈求也。

【語譯】

王孫賈問道：「俗語說：『與其討好奧神，不如討好竈神。』是什麼意思呀？」孔子說：「我不認為如此。要是得罪最大的天，任你跟在下的其他諸神祈禱交心，都沒用了。」

【講析】

此章語意甚明，但所確指為何，也有爭議。一種說法是王孫賈因孔子旅衛時曾見南子（衛靈公夫人，事見《雍也》篇6.26），懷疑孔子有求仕之心，因以奧、灶相比，謂南子雖然位顯，但名聲不好，也無實權，要孔子不如投靠自己，自己位雖然較低，但擁有更實際的生殺與奪大權。另一種說法，朱子曰：「時俗之語，因以奧有常主，而非祭之主；竈雖卑賤，而當時用事。喻自結於君，不如阿附權臣也。賈，衛之權臣，故以此諷孔子。」有人也採用此說，但此說缺乏有效資料，無法證明是否確實如此，不如回歸文本。

王孫賈引俗語問有關該討好誰的問題，孔子對這種充滿險倖意味的問話一向沒興趣，便回答說，你如做了壞事，讓上天不高興，到時討好誰都沒有用了，意指人應仔細做人，確實做事，不要心存僥倖。

3.14

子曰：「周監於二代，郁郁乎文哉！吾從周。」

【注釋】

1 **監**：視也，比較也。

2 **二代**：指周之前的夏、商。

3 **郁郁乎文**：文化昌盛。郁郁，文盛貌。文指文化。

4從：跟隨，追隨。

【語譯】

老師說：「周朝比起前面的夏、商兩朝來，文化是那樣的昌盛啊！要選擇追隨對象的話，我當然要選擇周朝了。」

【講析】

這裡的「文」，是指所有的文化積累的整體成就，包括社會結構，禮樂制度及其他。周朝在夏、商二朝之後，積累已厚，加上周公刻意經營，禮樂大備。而且這些禮樂中，多以人為核心，我們看近現代出土以殷商為主的「卜辭」（甲骨文）內容所記，絕大多數是帝王與鬼神交通的文字，可見殷商之前，中國尚是以鬼神為主的世界，到西周之後，才把鬼神慢慢放到比較邊緣的位置。中國歷史，自周朝才算擺脫了神權思想，進入「人治」的世界，而中國文化，自周朝才開始有「人的覺醒」，才真正開始了「人」的文化。所以孔子認為在以人為核心的文化上，周朝比前面兩代要燦爛而完備許多，「郁郁乎文」是個極高的贊許。

3.15

子入大廟，每事問。或曰：「孰謂鄹人之子知禮乎？入大廟，每事問。」子聞之曰：「是禮也。」

【注釋】

1子入大廟：孔子入魯周公廟。大，讀如太。魯為周公封地，有周公之廟。孔子初仕，曾入廟助祭。

2每事問：見每件事、每樣物都發問。古文事，通物。閻若璩《四書釋地》引顧瑞屏說：「每事問，當在宿齊（齋）時，若正祭，雍雍肅肅，無容得每事問也。」古大祭前，主祭、助祭須先進廟齋戒，稱「宿齋」。

3鄹（ㄗㄡ）人之子：鄹，也作郰，魯小邑，孔子父叔梁紇曾為郰邑大夫，孔子亦生於此。《史記・孔子世家》：「孔子生魯昌平鄉陬邑。」古書陬通鄹，故時人或稱孔子為鄹人之子。但如此相稱，含有輕視意味。

【語譯】

孔子到太廟助祭前，凡事皆問。一個人說：「誰說這個鄹人之子懂禮呀？每件事都要發問。」孔子說：「這是懂禮的人，應該做的呢。」

【講析】

禮本身有敬謹的含意，每事問，是敬謹的態度，為禮的根本。尹焞說：「禮者，敬而已矣。雖知亦問，謹之至也，其為敬莫大於此。」王夫之曰：「以聖人之無不知，而慎猶如此，此其所以為禮，此其所以為聖人與！」這兩說一人斷定孔子「雖知亦問」，一人斷定「以聖人之無所不知」，認為孔子即便是知，也要窮問到底，可見孔子是多麼的敬謹。我以為這個推論不妥，而且如此解讀，似乎沒有體會出此章的真義。

重點在哪裡呢？此章所記，顯然是孔子較年輕時的經歷，我們看到一個年輕人對所有的事都覺好奇的態度，在他看來，凡事都有疑問，一切既有的答案都不見得正確，必須要親自嘗試，才知道結果。這章裡的孔子，充滿了初起生命的活力，不怕錯，也不怕難，更不怕別人用有色眼光看我，這既成的事，非問到完全能說服我為止。在其中有些是孔子不知的，也有些是已知但不是知得那麼「通透」的部分，對這些，孔子都一一的提問。

這是一章極其珍貴的紀錄，我們得感謝這股年輕的生命活力，他的「每事問」，要在未來的歲月中，為中國文化注入從未有過的活水，涓涓細流，終成大河，很多事都是由他的疑問，或而變成肯定，或而變成興革的物件。抱著這個態度走下去，少年孔子的自己必將展開，而未來的中國也跟著他會慢慢的展開。從此看，這是多麼重要的一件事呀。

3.16

子曰：「射不主皮，為力不同科，古之道也。」

【注釋】

1 **射**：行射禮。

2 **不主皮**：不以射貫皮革靶心為優。古人設靶，張一布曰侯，中置皮製靶心曰鵠，射以觀德，主中不主貫。

3力不同科：每人的力量是不同的。科，等級也。

【語譯】

老師說：「比賽射箭時，只主射中了沒，不主射穿靶心，因人的體力不同，這是古人就有的道理啊。」

【講析】

孔子以六藝教人成德成才，射為六藝之一，也有德教的含意。《禮記．樂記》記錄武王平定殷亂後，將所有武器包之以虎皮，稱為「建櫜」，以示以後不復用兵。又「散軍而郊射，左射狸首，右射騶虞，而貫革之射息也。」所謂「貫革之射息」，是指天下太平之後，射箭的目的不在制敵，而是健身或娛樂，所以就不主貫穿靶心皮革了，原來孔子說射不主皮，是有歷史根據的。

但孔子之言，也有針砭時局的作用。春秋之後，兵革多興，力射貫革之說又起，朱子曰：「周衰，禮廢，列國兵爭，復尚貫革，故孔子歎之。」孔子提倡射以觀德，其實有呼籲和平的含意。

3.17

子貢欲去告朔之餼羊。子曰：「賜也，爾愛其羊，我愛其禮。」

【注釋】

1告朔：每月初一，諸侯到祖廟祭祀，並宣布該月政府行事的一種活動。古代天子常在年末，頒給諸侯來歲每月之朔日（即陰曆的初一）的曆法，諸侯為表敬重，將之藏於祖廟，每月初一，開啟而宣布該月政事的程式。

2 **餼**（ㄒㄧˋ）**羊**：告朔之祭所用的羊。

3 **愛**：惜也。

【語譯】

子貢主張把告朔的餼羊給廢了。老師說：「賜呀，你可惜的是那頭羊，我可惜的是那個禮呀。」

【講析】

告朔之禮不是大禮，但攸關天子、諸侯與百姓，也有關一般人的日常生活，孔子認為重要。朱注曰：「魯自文公始不視朔，而有司猶供此羊，故子貢欲去之。」可見告朔之禮在魯，早已不存。但孔子認為不廢餼羊，此禮尚有恢復之可能，而廢了，就永遠消失了。對已消失或將消失的文明，明知恢復無大望，孔子總抱著無限珍惜懷念之思，這叫做有情。

3.18

子曰：「事君盡禮，人以為諂也。」

【注釋】

1 **盡禮**：盡人臣之禮。

【語譯】

老師說：「事奉國君能盡禮的，別人還以為諂媚呢。」

【講析】

盡禮的事，可以當作諂媚，也可以當作盡責。黃祖舜說：「孔子於事君之禮，非有所加也，如是而後盡爾。時人不能，反以為諂。故孔子言之，以明禮之當然也。」錢穆說：「此章所言，蓋為魯發。時三家強，公室弱，人皆附三家，見孔子事君盡禮，疑其為諂也。」其實魯君已無實權，該說為諂的，應是依附三家的投機分子。有時候做正確的事，要有不計毀譽的精神，孟子說過：「自反（反省）而縮（正直），雖千萬人，吾往矣！」（《孟子．公孫丑上》）

此章是否能算一般通論，不能確定。或因孔子被讒才作此「夫子自道」，也尚待考證。

3.19

定公問：「君使臣，臣事君，如之何？」孔子對曰：「君使臣以禮，臣事君以忠。」

【注釋】

1 定公：魯君，名宋。哀公之父。

2 君使臣，臣事君：使，使喚；事，事奉。君對臣用「使」，臣對君用「事」，足見定公認為君臣關係是不平等的。

【語譯】

定公問：「君使喚臣，臣事奉君，該如何呢？」孔子禮貌回答說：「君要以禮使臣的話，臣就會以忠事君了。」

【講析】

此章定公問孔子不很禮貌，但孔子仍然按住心情禮貌作答。君臣的關係，一直是不平等的，這種「心理狀況」，其實到二十一世的今天仍然存在，在孔子的時代，想當然更甚。孔子尚未發明君臣是完全平等的觀念，這觀念要到孟子的時候才開始有（如《孟子・離婁下》，孟子告齊宣王曰：「君之視臣如手足，則臣視君如腹心；君之視臣如犬馬，則臣視君如國人；君之視臣如土芥，則臣視君如寇讎」），但孔子已把君臣相對來看，也就是君雖高於臣，但不能對臣予取予求，君必須也做到某種條件，臣才有忠君的必要，本章「君使臣以禮，臣事君以忠」（暗示：君如不以禮使臣的話，臣是可以不忠的），這是種隱性的相對概念，如把這個概念發揮出來，便開啟了孟子而後君臣平等的論述，所以此處孔子之言，也有剛健積極的含意。

3.20

子曰：「〈關雎〉，樂而不淫，哀而不傷。」

【注釋】

1〈關雎（ㄐㄩ）〉：《詩・國風・周南》的首章。此詩內容以一君子，思得淑女為配，不得則「寤寐思服，輾轉反側」，頗有悲思，得則「左右芼之，鐘鼓樂之」，極有愉悅之情。

2不淫：不過當，不過分。

3不傷：不使自己毀傷。

【語譯】

老師說：「《關雎》這章詩，有快樂，但不會放蕩，有悲哀，但不會變成毀傷。」

【講析】

本章以〈關雎〉為例，談文學的內容，也談文學欣賞所宜有的態度。

當然主題在說明〈關雎〉有哀有樂，但都守分中節，朱子言：「〈關雎〉之詩，言後妃之德，宜配君子。求之未得，則不能無寤寐反側之憂；求而得之，則宜其有琴瑟鐘鼓之樂。蓋其憂雖深而不害於和，其樂雖盛而不失其正，故夫子稱之如此。」除了說是美後妃之德（從漢代以來的傳統解讀）之外，其餘都曲盡其情，說得十分正確。

但此章還匯出一個結果，便是涉及了欣賞文學態度的問題，這點很重要，也有很大的作用，讀者須注意。義大利美學家克羅齊（Benedetto Croce,1866-1952）曾說，欣賞文學或藝術，必須與作品保持一段適當距離，不能太遠，也不宜太近，太遠沒有感覺，太近則因過當的「移情作用」，會扭曲我們對作品的欣賞。譬如觀賞喜劇，就歇斯底里的狂笑到不能自已，這就是此章所說的「樂而淫」了；看悲劇，引起的悲哀要到自毀自傷的地步，這就是「哀而傷」了，像這樣的人是不能欣賞藝術的。人與藝術之間，應該有一種「不即不離」的關係，克羅齊稱之謂「美感距離」（Aesthetic distance）。此章孔子所說的樂而不淫、哀而不傷，當然是他對《關雎》一詩的批評，因為詩所呈現的，就是這樣一種內容，然而孔子的說法，也可解釋成欣賞詩與藝術時，該持有的態度，不樂、不哀的無動於衷，當然談不上欣賞，而過樂而淫、過哀而傷也又越過了欣賞的紅線了。

3.21

哀公問社於宰我。宰我對曰：「夏后氏以松，殷人以柏，周人以栗，曰使民戰栗。」子聞之曰：「成事不說，遂事不諫，既往不咎。」

【注釋】

1 **社**：土地神。中國以農立國，社為國家與社會重要神祇。立社必選該地所宜之木為神主（即神位牌），便稱社主，也有直接以原地所生之木為神之所憑者，直接祭拜樹木。《論語正義》曰：「《魯論》作問主，《古論》作問社。」

2 **宰我**：孔子弟子，名予，字子我。

3 **夏后，夏王也。氏以松，殷人以柏，周人以栗**：三代所用社木各有不同。以，用也。松、柏、栗都是堅實的木材。

4 **戰栗**：同戰慄、顫慄，恐懼貌。此處宰我似把栗誤認作戰慄之意了。

5 成事不說：已成的事實，不再說了，因說了也無用。
6 遂事不諫：遂事與成事同義。不諫，不再諫說以圖改進。
7 既往不咎：已過的事，不再追究了。咎，罪也，責也。

【語譯】

哀公問宰我關於社的問題，宰我禮貌回答道：「社裡的社主，夏后氏用的是松，殷人用的是柏，而周朝用的是栗。至於為什麼要用栗木呢，就是要讓人民害怕呀。」老師聽了，說：「算了算了，他把事弄成這個模樣，就不要提了，也不要再諫了，事已過往，也無須追究了。」

【講析】

朱子說：「孔子以宰我所對，非立社之本意，又啟時君殺伐之心，而其言已出，不可復救，故歷言此以深責之，欲使其謹其後也。」解釋算對，但也有稍過之處，因為「使民戰慄」尚未達殺伐的程度。

問題是宰我答哀公問，只要陳述事實就好，卻要在最後蹦出一荒唐無比的解釋，簡直把一向和煦親善的土地神當恐懼之神看了。孔子眼看其胡鬧，嘴裡說「不說、不諫、不咎」，表面不想再理他，但並未放棄此學生，句句深責，促其猛省，這是教師的最高風範。

3.22

子曰：「管仲之器小哉！」或曰：「管仲儉乎？」曰：「管氏有三歸，官事不攝，焉得儉？」「然則管仲知禮乎？」曰：「邦君樹塞門，管氏亦樹塞門；邦君為兩君之好，有反坫，管氏亦有反坫。管氏而知禮，孰不知禮？」

【注釋】

1 **管仲**：齊大夫，名夷吾，曾任齊相，桓公嘗尊稱仲父，故時人稱之管仲。

2 **器**：器量，器度。

3 **三歸**：有不同說法，俞樾《群經評議》以為：「謂管仲自朝而歸，其家有三處也。」今採之。三歸即指家居有三處。

4 **官事不攝**：家居三處均有專業管理人員，彼此並不兼攝。官事，指居處的管理人員。攝，兼職也。

5 **樹塞門**：諸侯以上，所居以屏遮門，以示內外，謂塞門。樹，屏也。

6 **兩君之好**：兩君會合，稱好會，也稱好。

7 **反坫**（ㄉㄧㄢˋ）：回收用過酒杯的小几。朱注：「在兩楹之間，獻酬飲畢，則反爵於其上。」反爵，歸爵也，爵即酒杯。坫，古以土製，後改木製，也是諸侯才能使用的，管仲用之，僭也。

【語譯】

孔子說：「管仲的器量真狹窄呀。」有人問：「那管仲算節儉嗎？」孔子說：「管仲有三個住家，每個住家都有不同的管事人員，彼此不兼職，哪算節儉呢？」又問道：「那管仲算是知禮嗎？」孔子說：「國君大門設有屏風，管仲也有；兩君會合，飲宴時在兩楹之間設有回收酒爵的小几，管仲在家中也有這種陳設。要說管仲知禮，那天下還有誰是不知禮的呢？」

【講析】

《憲問》篇14.18孔子曾強力稱讚管仲，子貢曰：「管仲非仁者與？桓公殺公子糾，不能死，又相之。」子曰：「管仲相桓公，霸諸侯，一匡天下，民到於今受其賜。微管仲，吾其被髮左衽矣。豈若匹夫匹婦之為諒也，自經於溝瀆，而莫之知也。」對管仲其實讚揚有加的，此則指管仲器小又不儉不禮，言詞嚴峻，證明孔子論人論事極守分際，是則是、非則非，功過對錯之間，不稍假借。

楊時說：「夫子大管仲之功而小其器。蓋非王佐之才，雖能合諸侯、正天下，其器不足稱也。道學不明，而王霸之略混為一途。故聞管仲之器小，則疑其為儉，以不儉告之，則又疑其知禮。」這段文字論管仲功過，可說很正確，但楊時後來筆鋒一轉，把矛頭對準向孔子發問的人，說「世方以詭遇為功，而不知為之範，則不悟其小宜矣」，則有些勉強，不過卻很有趣。孔子批評管仲，是為兩種不同場域的事發言，一個是歷史的功過，一個是個人生活比較屬於私人領域上的問題。當然人的內外，應力求一致，但很多時候，內外也不見得可混為一談的。

如果沒有人問，我們當然無法知道管仲私人領域的事，深藏在孔子心中「儉」與「禮」的分際，也不得而明，所以從這個角度看提此問者，應受獎賞，不應受到指責。

3.23 子語魯大師樂。曰：「樂其可知也：始作，翕如也；從之，純如也，皦如也，繹如也，以成。」

【注釋】

1 **大**（ㄊㄞˋ）**師樂**：魯主司音樂的樂官。

2 **始作**：始奏，起奏。作，起也。

3 **翕**（ㄒㄧˋ）**如**：所有樂器一同演奏的樣子。古樂起始，往往先奏金（鐘），再擊鼓，此指金鼓合奏。翕，合也。

4 **從**（ㄗㄨㄥˋ）**之**：有二解：一，接下來；二，放開來。

5 **純如**：和諧的樣子。樂器逐漸增加，卻彼此融合，純一不亂。

6 **皦**（ㄐㄧㄠˇ）**如**：清楚明白的樣子。雖眾聲重迭，但能分辨各部樂器所發之聲。

7 **繹如**：相繼不絕的樣子。

8 **以成**：以至曲終。

【語譯】

孔子見魯國的太師樂。說：「音樂進行，可以這麼說吧：一開始，金鼓齊奏，跟著各項樂器加入，卻也純一和諧，後來樂器越加越多，雖眾聲重迭，卻也能分辨聲部，十分清晰，就這樣不停的演繹下去，一直到音樂結束。」

【講析】

這是中國很早的一篇討論音樂的文獻，孔子與魯國太師樂談音樂，由於語言過於簡單，詳情並不可細考，但大致而言，還是說中了一些。

音樂是時間的藝術，孔子用音樂三段進行的方式為主題（始之—從之—以成），來談進行音樂中的不同內涵，完全把握了這項藝術的特殊因素，也就是時間，從這裡看來，孔子對音樂應是十分內行。

但音樂與其他藝術比較，用的是完全相異的表現方式，素材也完全不同，用文字傳達聲音，本身充滿了困難與險巇，所以本文用了許多形容聲音的狀詞，如翕如、純如、皦如、繹如等，只能用「……的樣子」來勉強說明，這是不得已的，僅這些狀詞所代表的，就有很多可能，因而引起爭議。

但音樂包含的，如樂器所顯示的聲音，音樂要進行，便像推論文章的起—承—轉—合（本文的始之—從之—以成，跟西方大型音樂在進行的時候，往往包含了呈示部 exposition、展開部 development 與再現部 recapitulation），是非常接近的道理。

此章所記錄的是孔子之言，有些遺憾的是沒有記錄太師樂的發言，古代紀錄，總有疏漏，如寫出他們之間的談話，一定更為有趣。朱子說：「時音樂廢缺，故孔子教之。」又把禮壞樂崩的舊文搬上來，說當時主管音樂的太師樂已經不懂音樂了，要孔子來教他，這個推論也許對，也許錯，無法證明，但本章的重點似不在此。

3.24

儀封人請見。曰：「君子之至於斯也，吾未嘗不得見也。」從者見之。出曰：「二三子，何患於喪乎？天下之無道也久矣，天將以夫子為木鐸。」

【注釋】

1 **儀封人**：儀地掌封疆之官。儀，衛國的城邑。

2 **從（ㄗㄨㄥˋ）者見之**：孔子隨行的人帶他見了孔子。從，指跟隨孔子的人。

3 **二三子**：即諸位、各位。當時比較親切的稱呼。

4 **何患乎喪（ㄙㄤˋ）**：何必擔心失位去國的事呢。患，擔憂、擔心。喪，謂失位去國，當時孔子離開魯國，先至衛，後至陳，所指便是此事。

5 **木鐸**：一種敲擊樂器，金口木舌，有點像現在的鐘，常用於警示的場合。《周禮・天官・小宰》漢鄭玄注曰：「古者將有新令，必奮木鐸以警眾。」朱子曰：「施政教時所振，以警眾者也。」將木鐸視之為敲鐘，一有警示，一有振奮作用。

【語譯】

衛國儀邑掌封疆的官請求會見孔子，說：「從來沒有君子經過此地，我不見的。」孔子的隨行便帶他去會見。會見後出門，跟孔子弟子說：「各位呀，你們何必擔心你們老師失位去國呢？天下無道已很久了，上天正要你老師，當重振人心的木鐸呀。」

【講析】

此章紀錄十分有趣。主要的人物當然是孔子，不過文中他老人家並未出現，在短短一章，孔子與訪客談了什麼並不知道，而訪客的情緒與感觸都寫到了，而且都躍然紙上。

孔子與儀封人談了什麼？可能是談天下無道久矣的事，也可能談到一些治世之方，細的事不及寫也不必寫，整體而言，孔子的一席話給了儀封人無比的啟發、無比的希望，儀封人出來的時候，也把這啟發與希望帶給外面的孔子的學生。

孔子雖然一時在政壇沒有混好，但孔子有抱負也有才幹，儀封人以為未來必定擔當救世的角色，他說的「木鐸」，便指此而言。儀封人的想像，是放在官位上或政治上的。孔子後來在政治上並沒有混好，當然也沒有再獲實權，所以儀封人是說錯了。但這件事，要從另一面來看，孔子歸魯後立志述作，又從教育入手，積極培育人才，把在墜落中的文化加以整理又將之提升，以等待後代的發皇繁榮，從這角度看，則儀封人對孔子的「木鐸」想像式的預言，可以說完全應驗了。

3.25

子謂《韶》，「盡美矣，又盡善也。」謂《武》，「盡美矣，未盡善也」。

【注釋】

1 《韶》：舜時音樂名。

2 《武》：周武王時音樂名。

【語譯】

孔子論《韶》樂，說：「盡美了，又盡善。」論《武》，說：「盡美了，但未必盡善。」

【講析】

朱子講此章，說：「舜紹堯致治，武王伐紂救民，其功一也，故其樂皆盡美。然舜之德，性之也，又以揖遜而有天下；武王之德，反之也，又以征誅而得天下，故其實有不同者。」此說不見得不對，但完全以政治與道德上的建樹來解說音樂，也很容易犯錯。

品德與音樂的關係真是那麼密不可分嗎？假如真的密不可分，那麼創作「盡美盡善」的音樂家必定要是聖人？假如聖人與音樂家一起作曲（或演奏），聖人的音樂一定強勝過非聖人所作的嗎？當然不是的，因為音樂不論創作與演奏，都有相當多的專業成分，其中與人的品德可能有關，也可能毫無關係。

從整體道德的角度論舜與武王，可能有優劣的問題，但《韶》不因為是舜時的音樂，便必然勝過《武》，更不能因為周武王「以征誅而得天下」，武王時代的音樂就必定比較「不善」。嚴格說來，這是兩回事。

我們寧願相信孔子批評《韶》與《武》，是純粹從音樂角度來說的。先要確定《韶》與《武》是舜與武王時音樂，因處理音樂需專業才能，所以《韶》與《武》該不會是舜或武王所作，而是當時的音樂家作的，音樂家也許受到當時世風的影響，音樂表現了某些特質，但不見得都是受舜、武王感格之功，所以從音樂之外談音樂，往往會錯誤百出。要知道光是好的品德，是無法完成藝術的，形成音樂要靠其他因素。《韶》與《武》在音樂言都算「美」與「善」的，此處的美可能是指音樂的旋律優美，也可能是指音樂整體的結構謹嚴又進行自然，可以讓聽音樂的人，感覺到舒暢與美感；而「善」呢？可能指整體音樂和諧安詳，聽了後可以讓人達到人格覺醒，或達到一種超凡入聖的心理境界，這是人面對盛大的自然景象與偉大的藝術時常有的經驗。孔子的音樂造詣無疑比朱子要來得高，孔子所指，應在此吧。

3.26

子曰：「居上不寬，為禮不敬，臨喪不哀，吾何以觀之哉？」

【注釋】

1 **居上不寬**：在上位，不夠寬厚。

2 **臨喪**：居喪，或處理喪事。

3觀：觀察，批評。

【語譯】

老師說：「居上位，對人不夠寬厚；行禮時，不夠莊重；碰到喪事，又沒有哀傷之心；這樣的人，我還要如何觀察批評他呢？」

【講析】

居上位的人要親民愛人，而待人寬厚是愛人的根本，而禮之本在敬，喪之本在哀，所以此章在談人的根本之道，假如人失去了根本之道，成為人的資格都沒了，還須白費力氣的觀察與批評他嗎？

里仁第四

里仁篇：共二十六章。前六章集中論仁，後則多為雜論。

4.1

子曰：「里仁為美。擇不處仁，焉得知？」

【注釋】

1 里仁：居於仁者之里。

2 擇不處仁：不選擇居於仁者之里。一作宅不處仁，見王應麟《困學紀聞》。宅，選擇所居。

3 焉得知：如何算得智慧。焉，何也。知，智也。

【語譯】

老師說：「選擇與仁者為鄰是好事，不選擇與仁者為鄰，哪算是智慧呢？」

【講析】

君子成德，當然靠自我奮勵的功夫，但如有好友切磋，相互勸勉，則得益更大。曾子曰：「君子以文會友，以友輔仁。」（《顏淵》篇 12.24）可得明證。本章點出擇鄰，強調環境的重要。

4.2

子曰：「不仁者不可以久處約，不可以長處樂。仁者安仁，知者利仁。」

【注釋】

1 久處約：長久處於窮困。約，窮困，蹇迫。
2 安仁：以仁為安。知道行仁可安心安身。
3 知者：智者。知，同智。
4 利仁：以仁為利。知道行仁有切身的利益。

【語譯】

老師說：「不仁的人，不可以長處在困約之中，也不能長處在逸樂之中。仁者以仁為安，智者以仁為利。」

【講析】

此章是說，一個不仁的人，假如長久處在困阨之中，會堅持不下去，很快便向困阨投降，假如長久處在逸樂之中，則會放蕩驕佚，無所歸止。仁是人的根本，失去根本，久約必濫，久樂必淫。仁者安仁，是以仁為安，智者利仁，是以仁為利，或安或利，都是心中有本之人，朱子說：「惟仁者則安其仁而無適不然，知者則利於仁而不易所守，蓋雖深淺之不同，然皆非外物所能奪矣。」

4.3

子曰：「唯仁者能好人，能惡人。」

【注釋】

1 好人：喜好人。
2 惡人：厭惡人。

【語譯】

老師說：「只有仁者，才能夠喜好人、厭惡人。」

【講析】

此章文字淺顯，但含意深遠。

與人相處，總有喜好、厭惡的情緒發生，跟自己性格接近，意見相投的人，通常我們會喜歡，與自己性格相左，意見相反的人，我們會厭惡，這種喜好與厭惡，並不完全出於理性，假如任這種情緒發揮，就會變成黨同伐異，世上爭端，多生於此。

此處「仁者」，可從寬解釋，泛指有仁心的人，或下章「志於仁」（4.4）的人。情緒是自私的，只有仁者，會克制它，仁者有更高的眼光，可以分辨世上更細的對錯善惡，而且以同理心去看待不同我的一切事務，不是同於我的都是對的善的，異於我的都是錯的惡的。有這種能力，才可以將同理化為同情，把異己當成自己看，這是最高的「人道主義」精神。

「人道」即「仁道」，仁者有更好的分別人我的能力，所以孔子認為只有仁者可以好人或惡人，因為仁者一方面超越了人的自私蒙蔽，一方面將人的道德觀提升到更高的層次。

4.4

子曰：「苟志於仁矣，無惡也。」

【注釋】

1志於仁：以仁為志，猶居心向仁。志，心之所至也。

2無惡：無為惡之事。亦說惡如厭惡之惡，無惡，不厭惡別人，今不取。

【語譯】

老師說：「一個居心為仁的人，就不會做壞事了吧。」

【講析】

志於仁，是有志行仁，這種人還不算是仁者，所以不見得沒有過惡，而是不再會居心去為惡。

此處的「無惡也」，是指此而言。

4.5 子曰：「富與貴是人之所欲也，不以其道得之，不處也；貧與賤是人之所惡也，不以其道得之，不去也。君子去仁，惡乎成名？君子無終食之間違仁，造次必於是，顛沛必於是。」

【注釋】

1富、貴、貧、賤：富足、位高、貧窮、低下。富貴為人之所欲，貧賤是人之所惡。

2不以其道得之：謂不當得而得。

3不處（ㄔㄨˇ）：不居。

4不去：不求去。

5君子去仁，惡（ㄨ）乎成名：如去掉仁這成分，將何以成君子之名？惡，何也。

6終食之間：像吃完一頓飯一樣的短時間。

7造次：急遽匆忙之時。

8顛沛：顛危困頓之時。

【語譯】

老師說：「富與貴，是人人渴望的，但不以正當的方式，就算得到了也不會要的。如不因一般貧賤之道而得到了貧賤，君子也不會躲過它的。君子假如去掉了仁這成分，怎麼能成君子之名呢？一個君子，哪怕像吃頓飯一樣的短時間，也不會違反仁的，緊急匆忙的時候如此，危險困頓的時候也是如此。」

【講析】

本章談富貴觀。正如文中說的，「富與貴是人之所欲」，孔子是人，當然希望得到富裕與高貴，但孔子在「人」之外，還自居於一個要行仁道的君子，君子與一般人最大的差別在於有強烈的道德意識。何謂「不以其道得之不處」呢？不合正道的富貴，就是憑空落在手上，我也不要。什麼是「不以其道得之」的貧賤呢？要知道社會如是開放的，只要努力工作就可以避免貧賤，《泰伯篇》：「邦有道，貧且賤焉，恥也」（8.13）可參。一般貧賤多以好吃懶做而起，而我的貧賤是因為我堅持理想，不與世俗妥協而得，我的貧賤就是「不以其道得之」的貧賤了，假如真是這樣，我就安於貧賤，不作他想。

本章癥結在仁的固守，行仁可得富貴，當然追求富貴，行仁如得貧賤，也不躲避貧賤，因為一涉躲避，就有害於仁了，這是此章的本義。

再者，此章文氣跌宕，又有股極高的氣勢貫穿其間，娓娓道來，不卑不亢，自成岸偉之勢，讀者可諷誦再三，有利於為文與立志。

4.6

子曰：「我未見好仁者，惡不仁者。好仁者，無以尚之；惡不仁者，其為仁矣，不使不仁者加乎其身。有能一日用其力於仁矣乎？我未見力不足者。蓋有之矣，我未之見也。」

【注釋】

1好仁者，無以尚之：喜好仁的人，以仁為最高標準，心中沒有比仁更高價值的事。尚。崇高、崇尚。

2不使不仁者加乎其身：不使自己做出任何不合乎仁、會違反仁的事。

3有能一日用其力於仁矣乎：有人能一日用力在行仁上嗎？一日，猶一旦。

【語譯】

老師說：「我沒見到真正喜好仁、厭惡不仁的人。真正好仁的人，以仁為根本，心中沒有比仁為高的標準了；厭惡不仁的人，是不會讓自己做出任何不仁的事的。有人能一日奮力行仁嗎？我沒有見過力量不足的。也許真有吧，只是我沒見過呢。」

【講析】

此章沒有正面解釋仁，只在說明仁的普及與方便性，「我欲仁，斯仁至矣。」（《述而》篇7.29）這個觀念後來影響到孟子，認為人只要有心，一切都可以做到，所以孟子說：「人皆可以為堯舜。」

(《孟子・告子下》)

仁雖然是孔門最高的道德標準，似乎無人能真正企及，而成為一個真正的「仁者」，但「行仁」(做合乎仁的事)並不困難，只要有意願，任何人都可以「行仁」，孔子說「未見好仁者」、「惡不仁者」，是指沒有見到真正努力的人。朱子曰：「蓋好仁者真知仁之可好，故天下之物無以加之。惡不仁者真知不仁之可惡，故其所以為仁者，必能絕去不仁之事，而不使少有及於其身。此皆成德之事，故難得而見之也。」朱子的解釋，好像與孔子的意思相反，孔子認為是易事，而朱子以為是難事。孔子的易事，是從「行仁」而言，朱子的難事，是從「成德」而言。

但此章主旨不在說難，而在指責不努力。此章還有與「我欲仁，斯仁至矣」相通的意思。孔子說：「我未見力不足者」，是說每個人都有力氣的，只是不善用也用力不盡罷了，孔子是有這個自信的，便是要夠努力，「斯仁至矣」。從此章看，孔子很積極，又充滿朝氣。

4.7

子曰：「人之過也，各於其黨。觀過，斯知仁矣。」

【注釋】

1 過：過失，過錯。

2 黨：類也。

【語譯】

老師說：「人的過失，各有其類。觀察一個人的過失，往往知道他心中仁所占的分量了。」

【講析】

君子小人都有過失，正如程頤說的：「人之過也，各於其類。君子常失於厚，小人常失於薄；君子過於愛，小人過於忍。」所以從過失，也可看出他的人格氣象，也可看出他心中仁的成分。觀過，只是觀察人的一種方式，朱子言：「此亦但言人雖有過，猶可即此而知其厚薄，非謂必俟其有過，而後賢否可知也。」說得很正確。

4.8

子曰：「朝聞道，夕死可矣。」

【語譯】

老師說：「早上得知道理，晚上死了也甘心了啊。」

【講析】

此章簡單，卻極有力。

道有大小，「朝聞夕可死」的道，是什麼道？當然不是瞬間的價值，更不是一般的「聲聞」消息。

這裡的道，可想而知，是攸關生命奧祕與人類生存的大道理。包括了人與自然的關係、人活著的意義與生命的去向等等的問題。司馬遷說他的人生目標在：「究天人之際、通古今之變、成一家之言」，其中「究天人之際」，或可指如孔子欲聞的「道」了。

人的偉大不在人能控制一切，而在他思想的偉大、關懷的寬廣。偉大的人不在乎一己的得失，他更在乎人類整體的處境究竟如何、該要如何，尤其是在價值的層面上，他終生覃思熟慮，卻往往不得其解，這是多麼艱深且重要的問題啊，所以他發願一旦得知，立死而無憾。這是形容真理（道）在人生中的價值，無可取代。

哲學的偉大往往不在解決問題，而在發現問題，人類文化的森嚴結構，其實由偉大人物所發現的問題組成，當問題找出了，從而想到解決之途，這便是孔子所謂的「朝聞道」。

堅定、強大又堂堂正正，是此章展現的精神面貌。孔子所言，不只傳達聞道、得道的重要，更在強調人追求真理的意志力。讀者應於此深思。

4.9

子曰：「士志於道，而恥惡衣惡食者，未足與議也。」

【注釋】

1 恥：以之為恥。

2 與議：與之討論道理。

【語譯】

老師說：「一個士說是有志於道，卻以惡衣惡食為恥，那就不足與之言論了。」

【講析】

此章要與上章連讀。上章從大處立言，此章所舉雖是小事，但與「志道」有密切關聯。

朱子解釋「朝聞道」中的「道」說：「道者，事物當然之理。苟得聞之，則生順死安，無復遺恨矣。」說得很好，但稍表面化。

士有兩義，其一指做官的人，其一指知識分子。在孔子之前，士的含意就是仕（官吏），因為官吏管理眾人的事，官員都得有一定的知識訓練，故與知識關係甚深，而古代知識昂貴，不是一般人有求知的力量的，只有社會高層才有受教的機會，提倡「有教無類」的平民教育，是孔子之後才有的。孔子施教，門下弟子多人未仕，而孔子所教，又超越為仕該有的知識甚多，所以到孔子之時，「士」的觀念也逐漸逸出為官之一途，變得有更高更大的含意在其內了。

這裡的「士志於道」的士，不指為官，而指求道，更接近現代「知識分子」的定義了。道即真理，也就是上章所說「朝聞道，夕死可矣」的「道」。孔門最高的真理就是「仁」，孔子此處所談的道，就是指仁而言，這跟後來曾子說的：「仁以為己任」是完全一樣的。曾子說：「士不可以不弘毅，任重而道遠。仁以為己任，不亦重乎？死而後已，不亦遠乎？」（《泰伯》篇 8.7）曾子認為在這個世界推行仁道，是一個比做官更大的任務，而且一旦做了，是沒有一般做官的退休計畫的，因此他是要「死而後已」的。

「士」有這麼大的志向，要擔當世上這麼偉大的任務，假如還恥惡衣惡食的話，當然不足與議。恥惡衣惡食，即生活的世俗化，不辭惡衣惡食，是與世俗不合流，甚至是與之對抗，因此士志於道，看起來又像艱困的事業了，這與前章孔子所言，「有能一日用其力於仁矣乎，我未見力不足者」相對照，一艱難、一簡易，其中的分際極幽微，讀者應細心體會明察。

4.10

子曰：「君子之於天下也，無適也，無莫也，義之與比。」

【注釋】

1 無適：不專主也。不以一人一事為主。又一說謂適通敵，無適指不以人為敵，不取。

2 無莫：無不肯，與無適相對，即沒有堅決反對的。又一說指莫通慕，愛慕，與敵相反，不取。

3 比：並也，從也。

【語譯】

老師說：「君子於天下事，沒一定專主的，也沒一定反對的，論事都以義作為相從的準則。」

【講析】

「無適」、「無莫」，歷來有不同解釋，譬如《論語正義》因鄭玄注本「適」作「敵」，便將適與莫解為敵與慕，即對世事並無特殊之好惡，曰：「無敵無慕，義與之比，是言好惡得其正也。」

本文不採，因從適、莫本義解也可通，無須更字改以作他解。

「無適」又「無莫」，即無可無不可，豈不表示君子做事無原則嗎？不然，此處的適與莫，是指一般的事務而言，而非指根本，將世俗的名利、得失均不放在心上，對於社會流行或時尚話題，也無心去判其真假是非。對君子而言，凡事與義有關的，才是大事，對此大事則毫釐之辨也不肯放鬆。

而且此章的重點在最後的「義之與比」，謝良佐特別把它與世俗佛老學說比較，說：「無可無不可，苟無道以主之，不幾於倡狂自恣乎？此佛老之學，所以自謂心無所往而能應變，而卒得罪於聖人也。聖人之學不然，於無可無不可之間，有義存焉。」也可參考，但須知孔子時尚無佛學，老學也不成熟，以後事相況，須知分際。

4.11

子曰：「君子懷德，小人懷土；君子懷刑，小人懷惠。」

【注釋】

1 懷：思念，思慮，顧念。

2 懷土：思念土地。土為實利之所在，懷土指人的思慮只落在現實層面。朱子曰：「懷土，謂溺其所處之安。」

3 懷刑：想到刑法。想到有法律所限，不致妄為。

4惠：恩惠、好處。

【語譯】

老師說：「君子顧念的是品德，小人顧念的是如土地的實利。君子在乎的是刑法之施，小人在乎的是恩賞利益之所在。」

【講析】

尹焞言：「樂善惡不善，所以為君子；苟安務得，所以為小人。」但此章也有他說，是指上位者如何施政，下位者便如何生活，如君子施政以德，人民便懷念鄉土，安土重遷；君子只講刑法，人民便設法避免刑罰，祈求恩惠。此說亦通。

4.12

子曰：「放於利而行，多怨。」

【注釋】

1放：有二解，一、放（ㄈㄤˋ）縱；二、仿（ㄈㄤˇ）效依順。採後說。

2多怨：多取怨。一指人多怨己，一指自己有怨懟之心。今採後者。

【語譯】

老師說：「一人凡事依利而行，便會產生很多怨懟之心。」

【講析】

此章有兩種說法，分別在怨字的解釋。一是人怨己，傳統說法都接近此說，孔安國言：「放，依也。多怨，謂多取怨。」程頤也說：「欲利於己，必害於人，故多怨。」但孔子評伯夷叔齊，謂：「求仁而得仁，又何怨？」（《述而》篇 7.14）此怨指的是自己怨自己。

放於利而行，一切著眼於利益，求利不順，便會與世多迕，總覺得別人對不起自己，此時憤懣怨恨之心便產生了。此章怨字作怨人解，則有反省覺悟之心，似更好。

4.13

子曰：「能以禮讓為國乎？何有？不能以禮讓為國，如禮何？」

【注釋】

1 **禮讓**：謙讓。《論語正義》：「讓者，禮之實；禮者，讓之文。」意即禮讓互為表裡，其實是一事。

2 **何有**：何難之有，言不難也。

【語譯】

老師說：「能以禮讓來治國嗎？真如此會有什麼困難呢？不能以禮讓來治國，徒有繁複的禮制，又有什麼用呢？」

【講析】

此章是針對治國者而言，主題是「讓」字。讓就是謙退、禮讓，高位者固然位居領導，但不能對屬下一切頤指氣使，必須抱謙恭之心，以平等之禮相待。而在下的官員，也要謙恭自養，不爭功、不伐善，彼此以克己禮讓為先，則國治之外，上下還是一片祥雲。

4.14

子曰：「不患無位，患所以立；不患莫己知，求為可知也。」

【注釋】

1 無位：無職位，無官位。
2 所以立：立其位所應具有的才德。
3 莫己知：無人知己。
4 可知：謂可為人所知之實。

【語譯】

老師說：「不擔心沒有官做，只擔心沒有做官的本事；不擔心沒人知道我，只擔心我有什麼可讓人知道的。」

【講析】

本章很簡單，正如程頤所說：「君子求其在己者而已矣。」

4.15

子曰：「參乎！吾道一以貫之。」曾子曰：「唯。」子出。門人問曰：「何謂也？」曾子曰：「夫子之道，忠恕而已矣。」

【注釋】

1 **參**：曾子名參，字子輿。孔子直乎其名，欲有所告。

2 **一以貫之**：以一言貫通。貫，通也。

3 **唯**：應詞，猶是的，或知道了。

4 **門人**：孔子弟子皆稱門人。一說門人指曾子弟子，按孔門高弟子，以曾子為最少者之一，孔子存時，曾年僅二十九，未必有弟子。

5 **忠恕**：忠，指對人忠誠；恕，指寬恕，原諒，原諒別人的過錯。

【語譯】

老師說：「參啊，我的道理，可以用一語來貫穿。」曾子說：「是的。」老師出去了，其他門人來問道：「是什麼意思呀？」曾子說：「老師的道，用忠恕兩字，就可以貫穿了。」

【講析】

此章是《論語》中很重要一章，歷來討論很多。

〈衛靈公〉篇有子貢問「有一言而可以終身行之者乎，孔子答以其恕乎」之記（15.23）。兩章指涉有異，不可並論。此章有幾個問題，首先是孔子於此章說的「一以貫之」的「一」到底指何而言？「一」可以指一個字、一個詞、一句話或一個概念，假如孔子的「一」是指一個字，如〈衛靈公〉中的「一言」即指一「恕」字，那曾子此章說的「忠恕」就不是正確的答案，因為忠恕是兩個字，當然這兩個字也算不成「一句話」。

忠恕當成「詞」或「概念」就沒問題，但要知道當時尚無「詞」、「概念」等的名詞，勉強說，只有用「一語」來解釋比較合適，因為一語可以是一個字，或是幾個字。

曾子在孔子說了「吾道一以貫之」之後，僅答以「唯」一字，也啟人疑竇，孔子未說明，曾子已知道，表示曾子的悟性特高，還有弟子對老師這樣說話，也有點不禮貌。宋儒於此曾大作文章，以為孔門弟子之中，惟曾子得孔子的「心傳」。所謂「心傳」是只傳心不傳口的禪宗式頓悟，這種學習與思考的方式，是受了後世佛教的影響，恐非孔門之真。

再加上曾子在孔子死時尚未到而立之年，《論語》曾敘述孔子晚年最有成就的大弟子，包括德行、言語、政事、文學，都沒有提到曾子，更何況依《先進》篇11.17「柴也愚，參也魯，師也辟，由也喭」所記，曾子在弟子中以魯鈍著名，曾子極篤實，極謹勉，卻不是聞一知百天才性的學生，孔子如有心傳之實，對象似也不應是曾子。當然心傳的事如成立，也可能有偶然的成分，賢或不賢，也不是必要條件。

所以此章曾子說「夫子之道，忠恕而已矣」，也許是曾子個人的說法，並未經過孔子認可，而此說是否正確，還須審慎考訂。

《中庸》曾言：「忠恕違道不遠。」是說忠恕去正道「不遠」，但要說忠恕就是等於孔門正道之所止，或孔門之道就由它來「一貫」，可能就很牽強了。要解決此問題，還是回歸有關「一以貫之」的「一」的討論。依最直接的說法，「一以貫之」的「一」，就是指「一個字」，而確實有一個字可以涵蓋、貫穿孔子所說的所有道德，那便是「仁」。

孔子曾說：「人而不仁，如禮何？人而不仁，如樂何？」（《八佾》篇3.3）這句話我們可以類推：「人而不仁如孝何？」、「人而不仁如忠何？」等等，可見仁是一切道德的根本。仁的意含包括了忠恕，但忠恕不能包括仁，因為仁的意含更大，層次也更高。曾子的解釋不能算大錯，因為忠恕也有行仁的意思，但不夠周愜。由此看來，曾子以忠恕來解釋孔子的一貫之道，似尚未全面掌握孔子之學的精神，說起來有點可惜。

因此如曾子說的，把「忠恕」當成孔子的「一貫之道」，是有問題的，此說最多也只能算是曾子一家的解釋，孔子的真意，恐怕並不全在此。

4.16

子曰：「君子喻於義，小人喻於利。」

【注釋】

1喻：曉，明也。

【語譯】

老師說：「君子對一件事，只明白義之所在，而小人，只明白利之所在。」

【講析】

以義、利來分別君子與小人，是相當明確的判斷，《論語》像這樣方式的論述很多。

此章之有名，在宋淳熙八年（一一八一年二月），陸象山（九淵）應朱子之邀到白鹿洞訪學，朱子請陸氏演講，象山就講《論語》此章。後據朱子形容：「聽者莫不悚然動心焉」，可見精彩，朱子說「熹猶懼其久而或忘之也，復請子靜（九淵字）筆之於簡，受而藏之」，便成了《白鹿洞書院論語講義》一文。

陸文特色在於不採傳統的說法，傳統說法多以地位高低以喻君子、小人，如西漢董仲舒《對賢良策》說：「夫皇皇求利，惟恐匱乏者，庶人之意也；皇皇求仁義，常恐不能化民者，卿大夫之意也」可證，好像只有君子是明義的，而小人只會追求利益。這樣，君子小人如安於所習，便不會進步，而象山反過來，以為應由明義、利之辨來分別君子、小人，也就是說官再大如只喻於利，實質上是個小人，地位再低，但所喻為義，也可以成為君子。在這個前提論述之下，君子可以為小人，而小人也可「翻轉」為君子，端看他們在德行上的努力。

這個說法的好處，在人不分貴賤。要養成正確的義、利之辨是有方法的，也就是要從立志與習染上入手，象山《白鹿洞書院論語講義》又說：「人之所喻，由其所習，所習由其所志。志乎義，則所習者必在義；所習在義，斯喻於義矣。志乎利，則所習在利；所習在利，斯喻於利矣。故學者之志，不可不辨也。」

君子、小人之辨不在地位，而在德行，這是孔子本意，由立志而砥節礪行以成為君子，是人人可望而成的，這是孔子之學的真精神。後世的朱、陸，其實都強調了這點。

4.17

子曰：「見賢思齊焉，見不賢而內自省也。」

【注釋】

1 思齊：思與賢者同。

2 內自省：內心自我反省。

【語譯】

老師說：「看到賢者，便想要與他同賢，看到不賢的人，要以他來反省自己。」

【講析】

朱注：「思齊者，冀己亦有是善；內自省者，恐己亦有是惡。」此章可與《述而》篇「三人行，必有我師焉」（7.21）並讀，可見聖人教學取樣的方式。

4.18

子曰：「事父母幾諫。見志不從，又敬不違，勞而不怨。」

【注釋】

1幾諫：微言勸諫。幾，輕微柔順的語言。諫，下位者規勸上位者。

2志：指子女之志。

3不違：不違逆。

【語譯】

老師說：「子女事奉父母，有意見要婉言、微言相勸。但如父母不領情，做子女的還是要敬謹不違抗，辛苦盡孝不發怨言。」

【講析】

此章言子女事奉父母，表面看父母高高在上，子女低低在下，父母有錯，只能「幾諫」，父母不依，還得敬而不違、勞而不怨，完全是不平等的。

父母與子女的關係確實是不平等的，這不平等來自「天」。人與人的關係如來自上天，我們稱之為「天倫」，譬如父子與兄弟，做父兄的無法掌握子弟的優劣，做子弟的也無法要求父兄達到自己要求的條件，這種關係並不完美，會時常發生衝突的，但這層關係不能去掉，去掉這層「天倫」，就沒有人類了，世上所有知識與道德，豈不是因為有人而產生的嗎？所以天倫的存在是一切存在的先決條件，不可去也不可少，這個「倫」即便不完美，但還是得維護的，父子之間（古時為求行文方便，言「父子」時多包括「母女」，言「兄弟」時也可類推）必有衝突，但不能讓衝突毀了父子之倫，所以需要「父為子隱，子為父隱」，一切以忍讓為先。而這些忍讓，可能要讓年少的、輩分低的擔當得更多，看似不公平，而確實無法迴避。「天倫」的存在是絕對的，是不可逆的，有時我們對它無可奈何，但卻要承擔，這也是前面所說的「知天命」的一種吧！

朱子認為讀此章應與《禮記・內則》並讀，可以得到更多啟發。

4.19

子曰：「父母在，不遠遊。遊必有方。」

【注釋】

1 不遠遊：不到遠地。遊，出門，到外地為遊。遠遊，出遠門。

2 方：指確切的地方。

【語譯】

老師說：「父母在世時，子女不到遠地去。如只是出門，不算遠的話，也要告知確定地方。」

【講析】

朱子謂：「遠遊，則去親遠而為日久，定省曠而音問疏；不惟己之思親不置，亦恐親之念我不忘也。」說得極好。但有很多注本，解說此章謂：父母在以不遠遊為原則，如遠遊必須告知確處，則是忽略了「不遠遊」一語精確含意，所謂不遠遊即是不遠遊，其中並無迴旋之餘地。

下一句則較緩和，言不遠遊而是「近遊」（遊指出門到外地，有遠近之別）的話，也要明確告之所至，以備父母呼喚，得即趕回。然而古代以為遠，而今朝發夕至，已不覺遠，今天的遠近觀念已與古時不同，當然容許調整，但既言孝親就是將父母放在心上，凡事以父母為先，原則還是一樣的。

4.20

子曰：「三年無改於父之道，可謂孝矣。」

【講析】

此章已見《學而》篇1.11，省去「父在，觀其志；父沒，觀其行」十字。

4.21

子曰：「父母之年，不可不知也。一則以喜，一則以懼。」

【注釋】

1 知：知道，記得。

【語譯】

老師說：「父母之年，子女不可不常記在心。一方面，父母高壽讓我喜悅，另一方面，想起我奉養父母的時間會越來越少了，心中不免恐懼。」

【講析】

此章表現子女對父母年齡的矛盾感情，把握得十分確切，也描寫得十分精準動人。

4.22

子曰：「古者言之不出，恥躬之不逮也。」

【注釋】

1 言之不出：言不輕出。

2 躬：指躬行。

3 不逮：達不到。逮，及也。

【語譯】

老師說：「古人不輕易說話，是以做不到為恥呀。」

【講析】

此章要人訥於言而敏於行。范祖禹言：「君子之於言也，不得已而後出之，非言之難，而行之難也。人惟其不行也，是以輕言之。言之如其所行，行之如其所言，則出諸其口必不易矣。」

4.23

子曰：「以約失之者鮮矣。」

【注釋】

1 約：約束、檢束。謝良佐曰：「不侈然以自放之謂約。」

2 鮮：少。

【語譯】

老師說：「善於檢束自己的人還會犯錯，是很少見的。」

【講析】

會犯知識性的錯，表示智慧訓練不足；會犯情緒上的錯，表示不善控制情緒。一個會約束自己的人，表示他很理智又善於克制自己，這樣的人確是很少會犯情緒上的錯的，但知識上的錯就不在此限了。而善於檢束自己的人，通常也比較注意為學，知識程度提高，整體而言，所犯的錯可能較一般人少些。

4.24

子曰：「君子欲訥於言而敏於行。」

【注釋】

1 訥：言語遲鈍。

2 敏：敏捷，靈敏。

【語譯】

老師說：「作為一個君子，寧願說話遲鈍點，而行動要敏捷些。」

【講析】

這裡是比較，如把「君子欲訥於言」單獨提出，是不能成立的。「欲」本是希望的意思，「欲訥於言」不能說是希望自己說話遲鈍，所以此處語譯作寧願解。孔子的意思應該是：作為一個君子，與其言語敏捷，不如行為敏捷；與其行為遲鈍，不如語言遲鈍。

4.25

子曰：「德不孤，必有鄰。」

【注釋】

1 鄰：親近。

【語譯】

老師說：「一個有德之人是不會孤獨的，必然有人來親近他。」

【講析】

此章有兩種不同解釋。其一指人不可獨修成德，須有師友相輔；另一說指有德之人，必有同氣相求、同聲相應的人來親近他。朱子言：「故有德者，必有其類從之，如居之有鄰也。」是採二說。不過也不要講死了，一個有德的人，也許終生無遇，但德行高潔，在歷史上可與他呼應人的也不少，所以這「有鄰」二字，也不必拘泥在地域上講，時間的因素，或許也可考慮在內。

4.26

子游曰：「事君數，斯辱矣。朋友數，斯疏矣。」

【注釋】

1數（ㄕㄨㄛˋ）：細密又繁瑣，程頤曰：「數，煩數也。」

【語譯】

子游說：「事奉國君時，要求太逼促、太繁瑣了，便會受到侮辱。交朋友時，要求太逼促、太繁瑣了，那朋友就會與我日漸疏遠。」

【講析】

這是子游警告說事君、交朋友時不可以正道在身而逼人太甚，至少責善的言語要寬緩些，以讓對方下得了台。胡寅言：「事君諫不行，則當去；導友善不納，則當止。至於煩瀆，則言者輕，聽者厭矣，是以求榮而反辱，求親而反疏也。」讀者可參考〈顏淵〉篇「忠告而善道之」章（12.23）。

卷三

公治長第五

公治長篇：共二十七章。朱子以為此篇皆論古今人物賢否得失，蓋格物窮理之一端也。胡寅疑多子貢之徒所記。

5.1

子謂公治長，「可妻也。雖在縲絏之中，非其罪也。」以其子妻之。

子謂南容，「邦有道，不廢；邦無道，免於刑戮」。以其兄之子妻之。

【注釋】

1 **公治長**：孔子弟子。其人《論語》中只此一見。

2 **可妻**：（ㄑㄧˋ）可為之妻，妻，做動詞用。因為欣賞他，可以將某女嫁給他。

3 **縲**（ㄌㄟˊ）**絏**（ㄒㄧㄝˋ）：喻入牢獄。縲，黑色大繩。絏，捆綁。

4 **以其子妻之**：將女兒嫁給他。古男女都可稱子。《詩・周南・桃夭》：「桃之夭夭，灼灼其華。之子于歸，宜其室家。」子即指女。

5南容：南宮絛，字子容，居南容，故稱之南容。孔子弟子孟懿子之兄。
6邦有道，不廢：國家有道時，不被荒廢。
7刑戮：刑罰與殺戮。

【語譯】

老師評論公冶長這個人，說：「是一個可以把女兒嫁給他的男子呢。雖然下過牢獄，但不是他的罪過呀。」便把自己的女兒嫁給他了。

一天老師又評論南容，說：「他是國家有道時不會被荒廢的人才，國家亂了，他也會避免刑戮，算是個聰明的人。」便把自己的姪女嫁給他了。

【講析】

此章也有析為兩章的。

所言的公冶長，《論語》僅此一見，南容事也不可考。史上也有論為：「公冶長之賢不及南容，故聖人以其子妻長，而以兄子妻容，蓋厚於兄而薄於己也。」這個推論很牽強，事也無稽，被程頤評為：「此以己之私心窺聖人也。」

5.2

子謂子賤：「君子哉若人！魯無君子者，斯焉取斯？」

【注釋】

1 子賤：宓（ㄈㄨˊ）不齊，又作虙不齊，字子賤，孔子弟子，魯人。

2 若人：此人。

3 斯焉取斯：斯，此也，上斯指子賤，下斯指其所取法的品德。取，取法。

【語譯】

老師評價宓子賤，說：「這人真是個君子呀。但假如魯國沒有君子的話，宓子賤的善是向誰取法來的呢？」

【講析】

孔子稱讚宓子賤，也趁機稱道魯國多君子，推論子賤之賢，是取法他們而來。蘇軾言：「稱人之善，必本其父兄師友，厚之至也。」

5.3

子貢問曰：「賜也何如？」子曰：「女，器也。」曰：「何器也？」曰：「瑚璉也。」

【注釋】

1 器：有用之成材。

2 瑚璉：宗廟祭祀時的禮器。朱子曰：「夏曰瑚，商曰璉，周曰簠簋，皆宗廟盛黍稷之器而飾以玉，器之貴重而華美者也。」

【語譯】

子貢問說：「老師您看學生是怎樣的人呀？」老師說：「你是一個有用的器具。」又問：「是哪種器具呢？」老師說：「就是宗廟祭祀中不可或缺的禮器瑚璉呀。」

【講析】

此章稱讚子貢有廊廟之才，未來足當大用。孔子有「君子不器」之說，是指君子不必以器用來衡量，因為君子的價值超過器用，但此處的瑚璉是重要禮器，暗示為廊廟的大才，是不能以區區一般器用視之的。

5.4

或曰：「雍也仁而不佞。」子曰：「焉用佞？禦人以口給，屢憎於人。不知其仁，焉用佞？」

【注釋】

1 雍：冉雍，字仲弓，孔子弟子。
2 佞：口才也。
3 禦人以口給（ㄐㄧˇ）：以言辯防衛自己，抵禦別人。口給，應對靈便。

【語譯】

有人批評仲弓說：「冉雍這人呀，在品德上可稱為仁了，但口才不好。」老師聽了說：「為什麼要口才好呢？一個人用言辯來抵禦別人，是會屢屢遭人憎惡的。至於說他是個仁者，這事我不敢說，但為什麼一定要口才好方行呢？」

【講析】

孔門所重，在德而不在佞。

此章孔子稱道仲弓之賢，但未許以仁，朱子言：「仁道至大，非全體而不息者，不足以當之。如顏子亞聖，猶不能無違於三月之後；況仲弓雖賢，未及顏子，聖人固不得而輕許之也。」其實顏淵的「不違仁」也不等於是「仁」。

孔子論道，只說「近仁」而不說「即是仁」，這是因為在孔子眼中，仁是一個至高至大的道德標準，怕一落言詮，就將意思說死，便從不許可一個人已成為「仁者」了。所以此章「不知其仁」，表面所指的當然是仲弓，而究其實，任何也都是「不知其仁」的，這當然也包括了孔子對顏淵或對自己的判斷。「不知其仁」是說我不知道他能不能算是仁，卻也沒有斬釘截鐵的說這不是仁、不算仁，這一方面可見孔子性格的寬厚，一方面又可見孔子對仁字的堅持。

5.5 子使漆雕開仕。對曰：「吾斯之未能信。」子說。

【注釋】

1 漆雕開：漆雕啟，字子開，也稱漆雕開，一字子若，孔子弟子。

2 吾斯：吾於此。斯指此理，有關於為仕之理也。弟子答夫子之言應稱其名，不可稱吾，此章用吾字不妥，宋翔鳳《過庭錄》疑為启字之訛，启即啟字。此說錢穆因之。

3 信：朱注：「信，真知其如此，無毫髮之疑也。」

【語譯】

老師想讓漆雕開去做官，漆雕開說：「學生對做官的事還不是很有自信呀。」孔子聽了很高興。

【講析】

孔子之悅，是學生自知品學不足，因知不足，故有上進奮發之意。

5.6

子曰：「道不行，乘桴浮於海。從我者其由與？」子路聞之喜。子曰：「由也好勇過我，無所取材。」

【注釋】

1 乘桴（ㄈㄨˊ）浮於海：乘著木筏，飄向海外。桴，筏也。浮於海，指飄向海外，因道不行於中土也。

2從我者其由與：跟隨我的只有仲由吧。子路姓仲名由。

3無所取材：孔子指責子路除勇之外，並無其他可取之才。亦指尚無可供做桴之材，錢穆用之。

【語譯】

老師說：「我的道，眼看在世上行不通了，就乾脆乘著筏飄到海外去吧，能跟隨我的，恐怕只有仲由呢！」子路聽了很高興。老師說：「仲由這個人，好勇勝過我，但其他方面，就無可取之材了。」

【講析】

此章的爭議多在「無所取材」一語。程、朱都以為是指譏子路「不能裁度事理」，以「裁」釋「材」。錢穆則以為是做桴之木材尚未備好，意指即便要走也走不成，傳統則說責罵子路莽撞，都可成立，但不是本章的重點。

本章的重點在說孔子不想在他所在的地方待下去了，這跟歸隱是有差別的，歸隱只是隱居不理世事，乘桴浮於海不僅是隱居，而是斷然離開這裡，寧願到一個全然陌生的地方去，證明孔子說此話時情緒很低沉。

原來聖人也有消沉、消極的時候。孔子之道，也許因為曲高和寡，也許因此事不逢時，在魯國與其他各地，都沒有真正實行的機會，而且詆毀之聲不斷，在這種狀況下，有所興懷感嘆，也是人之常情。

情緒低落的時候，總想逃避，孔子的「乘桴浮於海」就是一種情緒。要到海的哪裡去呢，文中並未交代，因為孔子也不知道，像這樣情緒之言，不能以一般邏輯來看的。

但孔子一旦發現自己陷於情緒之中，便想要擺脫超越，而子路卻被這情緒之言所牽動，因而興奮起來。孔子只有用幽默的語法來提醒他，說你好勇過我，當然可陪我去，但這事專靠勇力是做不成的，言下之意，逃避不是最好的辦法。

用這角度看，孔子說的「無所取材」，不論是指做筏的材料無著，或是說子路沒有海上生活的能力，其實意都不在字面，更不是在責罵子路，而是在說自己偶爾興起的逃避之思是不對的，個人所有的失敗與困頓，只有用更積極的態度來面對。

孔子的情緒曾一度消極，但後來又轉而為積極了。由消極轉過來積極，才是真正的積極，這跟經過黑暗的光明，才是真正的光明一樣。

5.7

孟武伯問：「子路仁乎？」子曰：「不知也。」又問。子曰：「由也，千乘之國，可使治其賦也，不知其仁也。」

「求也何如？」子曰：「求也，千室之邑，百乘之家，可使為之宰也，不知其仁也。」

「赤也何如？」子曰：「赤也，束帶立於朝，可使與賓客言也，不知其仁也。」

【注釋】

1 不知也：仁道至高至大，孔子向不輕許可人，所以說不知。與前章稱雍也「不知其仁」同意。

2**賦**：兵也。古者以田賦出兵，故謂兵為賦。

3**千室之邑**：有民居千室之城邑，為卿大夫之邑。

4**百乘之家**：有兵車百乘的家。古諸侯所有稱國，卿大夫所有稱家。

5**宰**：卿大夫家之主管。宰，官也。

6**赤**：公西赤，字子華，孔子弟子。

7**束帶立於朝**：穿著正式的朝服，站在朝廷。

8**可使與賓客言**：可能讓他與外交賓客相應對。即主持外交禮賓諸事。

【語譯】

孟武伯問：「子路是個仁者嗎？」孔子說：「不知道呀。」孟武伯又問，孔子說：「仲由這個人，可以要他去處理一個千乘大國的軍事，至於說他是不是仁呢，我就不知道了。」

「那冉求呢？」孔子說：「冉求呀，一個千戶之邑，或者是個百乘之家，可以要他去做個家宰，至於仁呢，我不知道。」

「那公西華呢？」孔子說：「像赤這個人，穿著朝服立在朝廷，可以讓他跟外國賓客對談而不失禮，至於仁呢，我同樣不知道呀。」

【講析】

孔子評論自己的學生，知道他們各有優點，如發揮所長，對國家社都會有正面的貢獻。但這些所長並不是道德的全部，如以整體道德之最高程度（仁）來衡量，他們都各有所偏，沒法說已全然達成。曾子曾說：「仁以為己任，不亦重乎？死而後已，不亦遠乎？」（《泰伯》篇 8.7）可見仁的境界既重且遠，人之有限一生不能全數達到，也是事實。

孔子雖寬厚，但從不許可人已達仁的地步，除了此章三人之外，在本篇 5.4 他對仲弓也說過「不知其仁」，看起來仁的境界很難達成，學者是否該就此放棄了呢？記得孔子又說過：「有能一日用其力於仁矣乎？我未見力不足者。」（《里仁》篇 4.6）可見行仁也不是那麼不可能，存此目標，努力不懈，則至善是終可期的，所以人也無須氣餒。

另孟武伯為孟懿子之子，孟懿子曾師事孔子，故孟武伯在孔門言，輩分較低，此章稱仲由為子路可，稱冉求、公西赤為求與赤皆不可（應稱冉有、公西華），可能是記者誤記。

5.8

子謂子貢曰：「女與回也孰愈？」對曰：「賜也何敢望回。回也聞一以知十，賜也聞一以知二。」子曰：「弗如也！吾與女，弗如也。」

【注釋】

1 **女**：汝也。

2 **愈**：勝也。

3 **聞一以知十**：知道一部分，就能推測全部。聞，包括目見耳聞。十是全數，指只須明白其事的十分之一，就知道了事的全部，喻捷悟。

4聞一以知二：聞其一僅知其二，不能達到全部。

5弗如：不如。

6吾與女：有二義，一，我與你，我和你；二，我贊許你。語譯取一解。

【語譯】

老師問子貢說：「你跟顏回比較，誰更強些？」子貢對答道：「賜怎敢與顏回比較呢。顏回聞一知十，而賜聞其一只知其二呀。」老師聽了說：「你說你不如他是真的呀，我跟你一樣，都不如他啊。」

【講析】

此章「吾與女弗如也」有兩種說法。傳統把「與」字解釋作贊許，也就是孔子贊許子貢自稱不如顏淵，朱子注：「與，許也。」就是採此說法。胡寅說：「子貢平日以己方回，見其不可企及，故喻之如此。夫子以其自知之明，而又不難於自屈，故既然之，又重許之。」也採同一說法。

也有一說是，孔子嘉許子貢承認自己不如顏淵，便說連自己也不如顏淵，這一方面是孔子的謙虛與寬宏，另一方面是勉勵子貢的手段。《論語正義》曰：「夫子嘉其有自見之明，而無矜克之貌，故判之以弗如，同之以吾與女，此言我與爾雖益，而同言弗如，能與聖師齊見，所以慰之也。」

這說法較佳，在於把孔子之學的真精神顯示出來了。自己承認不如人，不表示真不如人，孔子就是問顏淵，顏淵也會說他不如子貢的，這是謙虛的美德，也是寬宏的胸襟，還有同學之間的友愛。教育就是傳播美德、擴展胸襟，而且教育的一切都要在友愛和樂的氣氛中進行。依宋儒的解釋，為師的孔子不可能不如弟子顏淵，這說法也許沒有錯，但無疑稍淺了。孔子比宋儒博大許多，也幽默許多，在深水的洋面，船可以進退自如，在淺水就擱淺了，連自己都會嘲笑戲弄的人，底子往往都是深不可測的。

5.9

宰予晝寢。子曰：「朽木不可雕也，糞土之牆不可杇也，於予與何誅？」子曰：「始吾於人也，聽其言而信其行；今吾於人也，聽其言而觀其行。於予與改是。」

【注釋】

1 **宰予**：即宰我，名宰予。按《論語》記諸弟子，不直接寫名而用字，如〈八佾〉篇 3.21「哀公問社於宰我。宰我對曰」，此處宰予或是誤寫。

2 **晝寢**：當晝而眠，即白天睡覺。一說晝為畫之誤，畫寢，藻繪其居寢。

3 **朽木不可雕**：腐壞之木，不可雕刻。

4 **糞土之牆不可杇**：爛土之牆，不可修飾。糞土，穢土，俗言爛泥巴。杇（ㄨ），鏝也，此言填補修飾。

5 **於予與何誅**：對宰予這樣的人，何須責備呢。與，語詞。誅，責也。

【語譯】

宰我這人大白天仍在睡覺。老師說：「朽木無法再雕刻了，爛泥牆也不能再粉飾了，我對宰予啊，何須再責備呢？」老師又說：「一開始我對一個人，聽他說了就信他一定會做到，現在我對一個人，聽他說了還要看他的行為，這全是因宰予而改的。」

【講析】

這章有爭議在於「晝寢」的解釋。朱注：「晝寢，謂當晝而寐。」可見是照字面來說的，問題是白天睡覺，孔子為何用那麼嚴重的語言譴責他呢？傳統的講法，是說晝寢會使「志氣昏惰，教無所施」，嚴格說來，此說恐怕有點牽強。

一說認為「晝」可能是「畫」之誤，此說有相當可能。畫寢是指在所寢的房間塗飾，正巧後面「雕木」、「杇牆」是修飾房子的事實。《論語正義》云：「春秋時，大夫、士多美其居，故土木勝而知氏亡，輪奐頌而文子懼。意宰予畫寢，亦是其比。夫子以『不可雕』、『不可杇』譏之，正指其事。」本篇5.17章，子曰：「臧文仲居蔡，山節藻梲，何如其知也？」「山節藻梲」就是指藻繪藏龜的大室，孔子譏之正因為臧氏的不合禮，因為居蔡與山節藻梲是只是天子才該有的。宰我之「畫寢」如是「晝寢」之誤，他的畫寢，也應不如臧氏的過當，但畢竟不合禮制，所以孔子責罵他。

如是「晝寢」，孔子似有過責之嫌，王夫之說：「嗚呼，一晝寢也，而聖人之責之如此其嚴。」但照「晝寢」也非定然無法解釋，只是看起來似不如「畫寢」更為「合理」，讀者應知此處有不同解釋。

處理古代材料，應盡量尊重原文，假如原文解釋得通，便應盡量以不更動原文為宜，故語譯部分還是依照朱子以來的成說，不作「晝寢」解。

5.10

子曰：「吾未見剛者。」或對曰：「申棖。」子曰：「棖也欲，焉得剛？」

【注釋】

1 **剛者**：堅強不屈的人。

2 **或對曰**：或，不知名之人，由「對曰」看，應是孔子弟子或晚輩。

3 **申棖**（ㄔㄥˊ）：孔子弟子。

4 **欲**：多嗜欲。

【語譯】

老師說：「我沒見過剛強不屈的人。」有人說：「申棖可算吧。」老師說：「申棖是個多欲的人，怎能會剛強不屈呢？」

【講析】

剛強在意志，而不在血氣。多嗜欲，往往受物牽連，難得剛直。晚清名臣林則徐書聯，有「海納百川，有容乃大；壁立千仞，無欲則剛」句，實脫胎此章。

5.11

子貢曰：「我不欲人之加諸我也，吾亦欲無加諸人。」子曰：「賜也，非爾所及也。」

【注釋】

1 加諸我：加之於我。如毀我、譽我。

2 吾亦欲無加諸人：我希望也沒做在別人身上。

【語譯】

子貢說：「有些事我不願別人做在我身上，我也希望不將那些事做在別人身上。」老師說：「賜啊，恐怕不是你能做到的呢。」

【講析】

「我不欲人之加諸我也，吾亦欲無加諸人」，其實就是「己所不欲，勿施於人」的意思，說起來容易，做的徹底卻相當困難，因此孔子說非子貢之所能及。但要注意，孔子此言並非阻止子貢去做，而是說明要做到很難，值得用很大的力量去做，要是做到，就更值得嘉許。

為什麼難，假如把「我不欲人之加諸我也，吾亦欲無加諸人」分成兩件事來看，「吾欲無加諸人」的主控權操在我手上，是容易做到的，而「人之加諸我」的主控權是在別人手上，我只能希望他別在我身上做，但他真做了，我也沒辦法，所以孔子言非爾所及。

還有句中的「無」字很重要，如解釋作「不要」、「不可」，用禁止意，比較不嚴格，但「無」

字用本意解，如是指我沒有做任何己以為不宜的事於人身，這就難了。「勿」是不要，「無」是沒有，朱子說：「無者自然而然，勿者禁止之謂，此所以為仁恕之別。」朱子認為解作「勿」是恕，是比較容易做到的，而解作「無」就是仁了，是比較困難的，孔子對仁，是從不輕易許可的。

5.12

子貢曰：「夫子之文章，可得而聞也；夫子之言性與天道，不可得而聞也。」

【注釋】

1 **文章**：指詩書禮樂可見的知識，也指在外表現出的威儀言詞。
2 **聞**：同見，可聞，可以得知。
3 **性**：人的稟性，受自然影響作用的。
4 **天道**：天理自然之本體。

【語譯】

子貢說：「老師的詩書禮樂之學，都是我們見得到的；但老師有關性與天道的言論，我們就聽不太到了。」

【講析】

性得之於先天自然，人只有在後天環境努力，以圖增進或改變，但真正能掌握的部分還是不多，也不精確。至於天道、天命，在孔子時代，還是很玄虛的問題，一涉入，便易墮入迷信，孔子也許知道有天道、天命的事，卻很少向學生提及。前《為政》篇2.4說到「五十而知天命」，只說「知天命」（知有天命的存在），不說「信天命」，便是同樣態度。

此章子貢言「不得聞」，其實是嘆夫子有關性與天道方面的精義因孔子罕言，不可得聞。但也有異說，程頤、朱子就認為是子貢「始聞」孔子言性與天道後讚嘆孔子此學之美。程頤說：「此子貢聞夫子之至論而嘆美之言也。」朱子也說：「夫子之文章，日見乎外，固學者所共聞；至於性與天道，則夫子罕言之，而學者有不得聞者。蓋聖門教不躐等，子貢至是始得聞之，而嘆其美也。」此說可作參考。

5.13

子路有聞，未之能行，唯恐有聞。

【注釋】

1 有聞：前有聞，指有所聽聞；後有聞，指又有聽聞。有，讀如又。

【語譯】

子路聽聞到一件道理，若未能實行，便害怕又聽到新的。

【講析】

在孔門重要弟子中，子路以「勇」著名，此勇不僅指勇力而言，尚有勇猛精進的含意。子路聽到孔子說的，便勇於力行，唯恐沒做好便又有所聞。本章所記極單純，但在對子路的性格描述上，卻甚為關鍵。

5.14

子貢問曰：「孔文子何以謂之文也？」子曰：「敏而好學，不恥下問，是以謂之文也。」

【注釋】

1 **孔文子**：衛大夫，名圉。
2 **何以謂之文也**：為何以「文」為諡號。
3 **敏**：勤快敏捷。
4 **不恥下問**：不以問不如我的人為恥。以能問於不能，以多問於寡，也可稱之。

【語譯】

子貢問說：「孔文子為何有『文』這諡號呀？」老師說：「這是因為他勤敏好學，不以下問為恥，才得以『文』為諡啊。」

【講析】

古人有功於世，死後往往改稱其名，以褒嘉許。有公謚、私謚之別，公謚由政府定奪，私謚則由史家確定，無論公私，均以「文」字最高謚，有「經天緯地之謂文」的說法。據《左傳》所載，孔文子私德有虧，故子貢有此問。

但「文」字作為謚號，也有比較屬於一般含意的，如「勤學好問」也可得謚而為文，孔文子之文，顯然為此類。孔子寬厚，不沒人善，而略所不逮，可見一斑。

5.15

子謂子產，「有君子之道四焉：其行己也恭，其事上也敬，其養民也惠，其使民也義。」

【注釋】

1謂：批評，評論。
2子產：春秋時鄭大夫公孫僑。
3恭：謙遜也。
4敬：謹恪也。
5惠：利人也。
6使民有義：以合理的方式使喚人民。

【語譯】

孔子評論子產，說：「子產治理鄭國，有四個合乎君子之道的地方：他操持謙恭，事上禮敬，養護人民有恩澤，使喚人民有一定的規矩。」

【講析】

子產於春秋時，以事功見稱，孔子此處不稱其事功，而德之以君子之道，可見孔子更重視德行。

5.16

子曰：「晏平仲善與人交，久而敬之。」

【注釋】

1 **晏平仲**：名嬰，春秋時齊大夫。
2 **交**：交友。
3 **久而敬之**：一指人敬晏子，晏子以德待人，久而人敬之。一指晏子敬人，晏子與人交久，仍不失敬重之心。今採二解。

【語譯】

老師說：「晏平仲這人很會與人相交，就算相交久了，仍然恭謹如恆，不失敬重之心。」

【講析】

朋友熟了，會因親褻而漸失敬重之心，此章論晏子善於人交，重點在「久」之一字。

以上二章，孔子批評的是外國政壇的重要人物，但孔子都沒談他們的功業成就，重視的是他們的品德操守。錢穆言：「孔門論人，常重其德之內蘊，尤過於其功效之外見。」於斯可驗。

5.17

子曰：「臧文仲居蔡，山節藻梲，何如其知也？」

【注釋】

1 **臧文仲**：魯大夫臧孫辰，諡「文」。

2 **居蔡**：藏有蔡地出產的大龜。居，藏也。蔡，蔡地所產的占卜用大龜，又稱靈龜、神龜。殷商時代帝王常用龜殼占卜，以決大事，周代尚有此習慣。

3 **山節藻梲**（ㄓㄨㄛˊ）：在房屋柱頭斗栱上刻有山形的圖案，在梁上短柱上，又畫有水藻的圖式。節，指柱頭斗栱，梲，梁上短柱，都是房屋建築上的設備。

4 **知**：同智。

【語譯】

老師說：「臧文仲藏一巨龜在家，又為藏龜之室做了山節藻梲的裝飾，怎麼還能說他是有智慧的人呢？」

【講析】

朱子曰：「當時以文仲為知，孔子言其不務民義，而諂瀆鬼神如此，安得為知？」以為孔子批評臧氏，是站在文仲諂龜邀福，不務民利這一角度。其實孔子最在乎的應該在禮這方面，文仲所藏的蔡龜，只應藏在天子祖廟，山節藻梲也應是天子龜堂所該有的裝飾，一個諸侯的大夫竟然有之，當然於禮曰僭了。在孔子看來，一個公然違禮的人，如何可稱為智呢？

5.18

子張問曰：「令尹子文三仕為令尹，無喜色；三已之，無慍色。舊令尹之政，必以告新令尹。何如？」子曰：「忠矣。」曰：「仁矣乎？」曰：「未知，焉得仁？」「崔子弒齊君，陳文子有馬十乘，棄而違之。至於他邦，則曰：『猶吾大夫崔子也。』違之。之一邦，則又曰：『猶吾大夫崔子也。』違之。何如？」子曰：「清矣。」曰：「仁矣乎？」曰：「未知，焉得仁？」

【注釋】

1 **令尹子文**：令尹，楚官名。子文，姓鬬，名穀於菟。

2 **三已之**：三次被罷官。已，止也。

3崔子弒齊君：指齊大夫崔杼弒莊公的事。

4陳文子：齊大夫，名須無。

5有馬十乘：手下僅有四十匹馬。古以乘計算諸侯與卿大夫地位，一乘有馬四匹，十乘之數，不足發揮勤王之事。

6棄而違之：棄其祿位而去齊。棄、違皆去意。

7猶吾大夫崔子也：跟我國崔杼做的事一樣。指其國也一樣亂。

【語譯】

子張問：「楚國令尹子文，三次被任命為令尹，沒有得意的喜色，三次被罷免，也不見他有不高興的慍色。他之前的舊政，必定會告訴新任令尹。這樣的人如何呀？」老師說：「可算是忠了。」子張問：「可算仁嗎？」老師說：「不知道，怎能算仁呢？」

子張又問道：「齊國的大臣崔杼弒殺了齊王，大夫陳文子只有十乘兵馬的力量，勤王無能為力，只有拋棄了官位而出國，到了他國，他說：『這裡的大臣也跟我們齊國的崔杼一樣』，便走了，到另一國，又說：『這裡的大臣也跟我們齊國的崔杼一樣』，便又走了。這人怎樣呀？」老師說：「算是一個清潔的人了。」問：「能算仁嗎？」老師說：「不知道，不過怎能算得上是仁呢？」

【講析】

此章一方面在臧否人物，一方面在說明仁的觀念凌駕在其他觀念之上，忠與清都是很高、很可貴的品德，但尚未達到仁的層級。

5.19

季文子三思而後行。子聞之，曰：「再，斯可矣。」

【注釋】

1季文子：魯大夫，季孫行父。

2再：再，兩次。《說文》：「再，一舉而二也。」

3斯，朱注以為語詞。顧炎武《金石文字記》：「唐《十經》『斯』作『思』。」

【語譯】

有人稱讚季文子，說他凡事三思而後行，孔子聽了說：「思考兩次，也就夠了。」

【講析】

「三思」表示謹慎，但過於謹慎，容易變成猶豫，就算最後做了，也不夠果敢，缺乏力道。而且多思則可能多私，往往害事，程頤言：「再則已審，三者私意起，反惑矣。」是同樣意思。不過也是因人因事而異的，歷史有因「三思」而得利，也有因「三思」而受害的，天性莽撞的人，遇到的又是牽連到家國的大事，有時三思恐怕還不夠呢。

5.20

子曰：「甯武子邦有道則知，邦無道則愚。其知可及也，其愚不可及也。」

【注釋】

1 甯武子：衛大夫甯俞；武，諡號。

2 邦有道則知，邦無道則愚：朱注：「按《春秋傳》，武子仕衛，當文公、成公之時。文公有道，而武子無事可見，此其知之可及也。成公無道，至於失國，而武子周旋其間，竭心盡力，不避艱險。凡其所處，皆智巧之士所深避而不肯為者，而能卒保其身以濟其君，此其愚之不可及也。」知通智，與愚相對。也有以為「邦無道則愚」是指國亂時，與時沉浮，裝出凡事不懂模樣以避禍，今不採。

【語譯】

老師說：「甯武子在衛國有治時，努力輔政，處處顯得智慧出眾，當衛國混亂時，他跟其他投機取巧的人不同，依然不計成果的努力輔政，表現得像個愚人一般。他顯示智慧的時候，是常人所及的，而他當愚人的那一刻，卻非常人所及的了。」

【講析】

本章事蹟不可全考，所以文義上有些爭議。朱子說：「文公有道，而武子無事可見，此其知之可及也。」既無事可見，如何可判為智呢？而朱子指出其愚的部分，則十分合理，一切「智巧之士深避而不肯為者」，甯武子卻一意為之，表面是愚者之行徑，而孔子深許之，此中應有大義存焉。

5.21

子在陳曰：「歸與！歸與！吾黨之小子狂簡，斐然成章，不知所以裁之。」

【注釋】

1子在陳：魯哀公三年孔子年六十歲，曾仕於陳，六年，吳伐陳，去陳，絕糧於陳、蔡之間。《史記・孔子世家》：「孔子居陳三歲，會晉、楚爭強，更伐陳，及吳侵陳，陳常被寇，孔子曰：『歸與歸與，吾黨之小子，狂簡進取，不忘其初』，於是孔子去陳。」

2吾黨小子：指在魯的弟子。黨同鄉，小子，謙指門生。

3狂簡：狂妄而疏簡，志大而略於事，其實是謙稱自己的門生。

4斐然成章：文章煥發。斐然，文采煥發貌。指門人都有文學上的才幹。

5裁：剪裁、裁奪。朱注：「裁，割正也。」

【語譯】

老師在陳國時說：「回去吧！回去吧！我魯國家鄉的那些弟子雖然志大，卻略於行事，文章都寫的不錯，但不太懂得剪裁，正要我回去教他們呀。」

【講析】

孔子周遊列國，欲有大用而不果，道不行而思歸。當然最後歸魯，是在魯哀公十一年孔子六十八歲之時，但從說此話之一刻起，孔子想把他一生努力的對象不再放在實際政治上，而是要將之放在文化與教育事業上了。孔子歸魯後校訂群經，編寫《春秋》，又肆力教學，為當代與後世培植了大量人才，在文化史上做了極重要的貢獻。此「歸與」之思，在孔子個人而言也許是小事，在中國文化史上卻有極大的作用，讀者不能輕忽。

5.22

子曰：「伯夷、叔齊不念舊惡，怨是用希。」

【注釋】

1 **伯夷、叔齊**：周初孤竹國君的兩個兒子。據《史記・伯夷列傳》載，孤竹君原欲立叔齊，及卒，叔齊讓伯夷，伯夷以父命不受，遂逃去，叔齊亦不肯立而逃之，國人便立其中子。伯夷、叔齊聞周武王賢，欲歸之，及見武王興師伐殷，又以為不可，遂自隱首陽山，採薇而食，後餓死。

2 **不念舊惡**：不記掛別人以前犯的錯。

3 **怨是用希**：怨恨因此而少了。「是用」同「用是」，即因是、因此。希，同稀，少也。此處「怨」有兩解，一指伯夷、叔齊心中之怨，二指別人對伯夷、叔齊之怨。語譯從一解。

【語譯】

老師說：「伯夷、叔齊不老記著以前發生的壞事，因而坦蕩，少有怨心了。」

【講析】

此章論及伯夷、叔齊的「怨」與「不怨」的問題。《述而》篇 7.14 也有論及，子貢與孔子論伯夷叔齊的事，子貢認為兩人是有怨的，而孔子依然以「求仁而得仁，又何怨」來回答，簡單說，孔子始終都認為他們兩人是不怨的，這個討論，到司馬遷手上，展開了一篇開闔宏肆的大作品，就是《史記》裡面的《伯夷列傳》了。

司馬遷根據《詩》所載的史料，言伯夷、叔齊臨死作歌，其中有句：「於嗟徂兮，命之衰矣」，因而提問「由此觀之，怨邪非邪？」可證司馬遷認為伯夷、叔齊是怨的，因為司馬遷找出了他們理想與現實的衝突性。孔子認為的不怨，是站統一場的理論，以為一生所處雖有不同面向，但以整體人生而言，卻是有一致性的，一個有完美人格的人，可能與時多迕，他與別人甚至自己都有無數的衝突與矛盾的可能，但當他選擇一個道德為信念為依歸時，那些衝突與矛盾都自然化解，衝突反而使他的道德實踐充滿懸蕩的力量。孔子舉「不念舊惡」或「求仁得仁」，看起來是兩回事，其實是一回事。「不念舊惡」，是指有「舊惡」的，卻不去「念」它，所以便「無怨」了，在孔子看起來，一個以選擇浩蕩的死來明志的人，即使平生有些小埋怨，也早已放掉了。

5.23

子曰：「孰謂微生高直？或乞醯焉，乞諸其鄰而與之。」

【注釋】

1微生高：魯人，姓微生，名高。

2直：正直；直爽。

3乞醯（ㄒㄧ）：討醋。乞，求也，討也。醯，即醋。

【語譯】

老師說：「誰說微生高正直呢？有人跟他討醋，（他不直說自己沒有，）卻向鄰居討了給他。」

【講析】

曲意殉物，掠美市恩，不得為直。范祖禹言：「是曰是、非曰非、有謂有、無謂無，曰直。聖人觀人於其一介之取予，而千駟萬鐘從可知焉。故以微事斷之，所以教人不可不謹也。」乞醯之事至微，但小足以觀大。

5.24

子曰：「巧言、令色、足恭，左丘明恥之，丘亦恥之。匿怨而友其人，左丘明恥之，丘亦恥之。」

【注釋】

1足恭：過於恭敬。足，過也。

2左丘明：魯人，姓左丘，名明。一說為《左傳》作者，恐非。依此章所敘，孔子對左丘明崇仰甚高，如與孔子同時，年輩應高於孔子。

3匿怨而友其人：把埋怨藏起，故意做出友愛對方的樣子。友作動詞。

【語譯】

孔子說：「說好聽的話，裝出好臉色，又對人表現出過分恭敬，這種人，左丘明認為可恥，我也認為可恥。對朋友明明有怨，卻曲意隱藏，表面一副友愛的樣子，這種人，左丘明認為可恥，我也認為可恥。」

【講析】

倒無須去管左丘明到底是誰。本章的目的在說品德基礎是真誠，《中庸》說：「不誠無物。」巧言、令色、足恭都是裝扮出來的，不是發自真心，而匿怨而友其人，更費心曲折，表裡不一，都是品德的大患。

5.25

顏淵、季路侍。子曰：「盍各言爾志？」

子路曰：「願車馬、衣輕裘，與朋友共。敝之而無憾。」

顏淵曰：「願無伐善，無施勞。」

子路曰：「願聞子之志。」

子曰：「老者安之，朋友信之，少者懷之。」

【注釋】

1侍：陪侍。

2盍（ㄏㄜˊ）：何不。

3衣輕裘：《論語正義》引阮元校勘唐《石經》，言《石經》初刻本無輕字。裘，皮衣也。

4敝：壞也，破也。

5憾：恨也，惜也。

6伐善：誇耀己善。伐，誇也。

7施勞：張揚己勞。施，張大也。

【語譯】

顏淵、季路陪侍老師。老師說：「何不各談一下自己的志向呢？」

子路說：「我願把自己的車馬衣裳拿出來，與朋友共用，用壞了也不覺可惜。」

顏淵說：「我願做到有善不誇耀，有勞不張揚的地步。」

子路說：「想聽聽老師的志向。」

老師說：「我希望所有的老年人都平安，所有的朋友都互信，所有的少年人都知道懷恩。」

【講析】

此章敘述師生之間討論，氣氛是如此和樂，態度是如此的自由與從容，而所言又是如此的博大精深。

自然會想起比較的問題。比較起來，子路的思想簡單，雖然他不自私，有利他的精神，但他的關懷，只在己身的四周打轉，沒能擴充出去，更不夠深切。顏淵比較注意到道德的自省，處處想著不矜伐、不張揚的美德，都很好，但如沒有孔子的言說，此章就平淡無精彩處了，所以得感謝子路的臨去一問。

孔子的話，當然對子路與顏淵兩人有極大的啟發。孔子把道德的境界展開到了極處，老者是長輩，朋友是同輩，少者是晚輩，這三輩其實籠罩了所有人類，不只注意到四周可見的人，而是隨時想到全世界，而且帶有時間性，可見孔子的關懷面是如何的大。

老年人已過去人生的大半，對他們而言，人生風波已息，所圖的是如何安享他們的餘年，所以「安」字是真正的癥結。而「信」是維繫社會關係的基礎，朋友互信，是社會穩定的表現，穩定才有發展的可能。對少年人，更要注意到他們的福利，讓他們能順利成長，有趣的是孔子不言少年應有的福利種種，卻撿出「懷」這個字來。「懷」當然是指少年要懂得懷恩，責任在少者一方，但還有一層意思是指要讓少年有恩可懷，這就是擔綱世界的大人的責任了。大人給了少年福利，這福利包含了撫養與教育，如果做到所有大人都會施恩於少年，所有少年得到恩惠後都知道懷恩、報恩，能做到此就不僅是一人、一家得福利，而是天下人類都得到福利了。

自由、博大又安寧，這是孔子氣象。孔子崇高，卻從不給弟子壓力，濡染在這種氣氛中久了，弟子也跟著崇高起來，這是孔子的施教。

5.26

子曰：「已矣乎！吾未見能見其過而內自訟者也。」

【注釋】

1 已矣乎：嘆詞。猶云完了、糟了。

2 內自訟：內心咎責自己。內，內心。訟，責也。

【語譯】

老師說：「唉呀，糟了呀！我沒有看見能發現過錯而內心自責的人呢。」

【講析】

人易見他人短處，難見自己缺點，如知自己缺點，又多予以寬解維護，這是自欺，也是欺人，更是自己無法進步的源由。改過之先要知過，知過而後又能悔過，精勤努力，才可以德業日新，這是儒門極重要的修養工夫，明清之際的李顒（字二曲）以「悔過自新」為求學宗旨，實基源於此。

5.27

子曰：「十室之邑，必有忠信如丘者焉，不如丘之好學也。」

【注釋】

1 十室之邑：僅有十家人的小地方。

2 如丘者：如我者。丘，孔子自稱也。

【語譯】

老師說：「一個只有十家人住的小地方，也找得出與我一般講忠信的人，只是可能不如我好學罷了。」

【講析】

此章牽涉忠信與好學兩議題。

忠信即是忠誠信實，是高貴的品德，這種品德，多來自天性，朱子說：「忠信如聖人，生質之美者也。」所謂生質之美者，便是指天生的美德，孟子道性善，似是比較注意到道德的此一層次。而好學，是指後天的精勤學習，孔子之成為聖者，固有天生之才，但後天努力向學，也極為重要，荀子主勸學，所看重的似為此點。孟荀各有所得，也各有所失，不如孔子的圓融渾厚。

人有忠信之質，猶待後來不斷開發、印證，學習是最好的手段。人有忠信，可以算是一個好人，但加上知識，才知道忠信與不忠信的區分，與人該選擇忠信的理由。很多時候，知識好像讓事實變得複雜，但卻也因此變得脈絡分明，學問與知識可以把忠信之質發展成更大的事業。

聖人當然是善人，然徒善不足以為聖，必須有好學以濟之，因為有學問才可以經世。朱子也說：「學之至則可以為聖人，不學則不免為鄉人而已。」

雍也第六

雍也篇：共二十八章。篇內前十四章，大意與前篇相同，都在評論古今人物賢否得失，之後則不僅此也。

6.1 子曰：「雍也可使南面。」仲弓問子桑伯子，子曰：「可也，簡。」仲弓曰：「居敬而行簡，以臨其民，不亦可乎？居簡而行簡，無乃大簡乎？」子曰：「雍之言然。」

【注釋】

1 **雍**：冉雍，字仲弓，魯人，孔子弟子。

2 **南面**：面向南而坐，指人君聽治之位。言仲弓寬洪簡重，有人君之度。

3 **子桑伯子**：史傳不見。胡寅懷疑即《莊子》書中之「子桑戶」。仲弓此問，是問伯子亦可南面與否。朱注曰：「仲弓以夫子許己南面，故問伯子如何。」

4 **可也，簡**：可也，僅可而有所未盡之詞。簡，不煩也。

5大（ㄊㄞˋ）簡：太簡。

6居敬而行簡：居心謹慎，行事簡要。居，指居心。

【語譯】

老師說：「冉雍這人寬洪簡重，可以當一國之君了呢。」仲弓聽了，問子桑伯子如何，老師說：「也可以呀，只是稍簡易了。」仲弓說：「以居心謹慎、行事簡要來治民，不是很可行嗎？假如居心也簡、行事也簡，那豈非太簡了呢？」老師說：「冉雍說的很對。」

【講析】

南面之位，或指天子，或指諸侯，此處孔子所言，指冉雍可以為天子或諸侯是況語，是理想語，而非事實。因為古時天子或諸侯，更講究血統出身，氣度與才幹根本不重要，孔孟之賢，猶不得位以行其道，可為明證，但此章仲弓言施政上的簡與太簡卻很正確。

6.2

哀公問：「弟子孰為好學？」孔子對曰：「有顏回者好學，不遷怒，不貳過。不幸短命死矣！今也則亡，未聞好學者也。」

【注釋】

1遷怒：把怒氣遷移到別事、別人。遷，移也。

2 貳過：重複犯過。

3 短命：《史記‧仲尼列傳》記顏淵少孔子三十歲，未記卒年，《論語》記顏淵死後顏路請孔子之車以為槨事（見《先進篇》11.7），可見先於孔鯉而卒，孔鯉卒時，孔子已六十九歲矣。如以少孔子三十歲算，顏淵死時孔子應六十一歲，考之年譜未合，《史記》所記應有誤。朱子斷顏淵三十二歲而卒，今從朱子。

4 亡：同無。

【語譯】

哀公問孔子道：「你弟子中誰最好學呢？」孔子回答道：「有一個叫顏回的算是好學的了，他如有脾氣，絕不會找無辜的人發洩，同樣的過錯也不會犯兩次，不幸的是他短命死了。今天已沒了，再也找不到像他一樣好學的人了。」

【講析】

此章答哀公問，在顏淵死後，顏淵死於哀公十四年，兩年後，孔子也過世了，所以是孔子在世最後兩年的言論。孔子說明「好學」的標準，不在怎麼讀書，而在如何做人。「不遷怒」「不貳過」都是德行的事，可見讀書的目的在修心，在為人。

文末感嘆「今也則亡（無）」，指的不是門下已無好學之人，而是指已難找到如顏淵般優秀的人了，這樣談話讓其他弟子聽了，恐怕也是不很受用，要是平常，孔子不會如此說的。要知道顏淵死的前兩年，孔子唯一的兒子孔鯉先死了（顏死孔子七十一歲，鯉死孔子六十九歲），再次年，子路又橫死，孔子晚年自己遭遇不好，又經歷了諸如兒子、學生死亡的不斷打擊，哀慟逾恆，想起幾個比他還年輕的逝者，自不免動了情緒。聖人是人，也有一般人的情緒的，讀者於此，應特別體諒。

6.3

子華使於齊，冉子為其母請粟。子曰：「與之釜。」請益。曰：「與之庾。」冉子與之粟五秉。

子曰：「赤之適齊也，乘肥馬，衣輕裘。吾聞之也，君子周急不繼富。」

原思為之宰，與之粟九百，辭。子曰：「毋！以與爾鄰里鄉黨乎！」

【注釋】

1 **子華**：即公西赤，孔子弟子。

2 **使**（ㄕˋ）：出使也。孔子五十一歲仕魯為中都宰，五十二歲為司空、司寇，有正式官職，可派員代表自己出使外國洽談公事。

3 **冉子**：指冉求。有說此章為冉求弟子所記，故稱冉子。但此章連記兩事，先記冉求為公西華請粟，又記原思辭粟，形顯了冉求之失，又不似其弟子所記。

4 **為其母請粟**：為公西華之母請小米以給養。粟，小米也。

5 **釜**：六斗四升。

6 **請益**：請增多。

7 庾：十六斗。

8 秉：十六斛。

9 周急不繼富：周濟緊急所需，對原本富足的人，不繼續增益其富。

10 原思：名憲，孔子弟子。

11 為之宰：為孔子的家宰。家宰，管家。孔子時任魯司寇。

12 粟九百：九百單位的小米，家宰常祿也。九百不言量，不可考。

13 以與爾鄰里鄉黨：如有餘，可周濟鄰里鄉黨之人。

【語譯】

公西華代表孔子出使齊國，冉求幫他母親請米給養。老師說：「就給他一釜吧。」冉求請增多些，老師說：「那就再增加一庾吧。」結果冉求給了他五秉的米。老師說：「公西赤代表我到齊國，是乘著肥馬、穿著輕裘而去的。我聽說過，君子遇到窮急該周濟，但碰到富人，就不必去增加他的富了。」

原思當老師家的家宰，老師給他俸米九百，原思卻推辭嫌多不敢要，老師說：「你不要推辭吧，多了可以給你鄰里鄉黨裡的人呀！」

【講析】

此章分為兩節，說明冉求與原憲兩種不同的人。

冉求是懂得討價還價的人，當然此處理由不見得不正當，又當事的人就是孔子本人，孔子明知其中也有不甚合理處，便也沒有直言拒絕，這是孔子的寬大。冉求的性格，注定後來從政上的偏差，《先進》篇 11.16 有「季氏富於周公，而求也為之聚斂而附益之」的記錄。

原憲以困窮著名，但此處「固窮」（堅守窮困）的作風，可當孔子所稱的君子了（《衛靈公》15.1：「君子固窮，小人窮斯濫矣。」）。

計量單位，古今差異甚大，本章所記，無法盡考，讀者會其大意便可。

6.4

子謂仲弓曰：「犁牛之子騂且角，雖欲勿用，山川其舍諸？」

【注釋】

1 子謂仲弓：孔子評論仲弓（冉雍）這人。謂，評價、評論。
2 犁牛：雜色花紋的牛。古人以純色牛為尚，可供犧牲，雜色牛為下，不宜為犧牲。
3 騂且角：顏色赤紅而且犄角周正。周人尚赤，牲用騂。
4 山川其舍諸：山川的神明會捨棄牠嗎？

【語譯】

老師評論仲弓說：「一頭雜色牛，竟生下一頭毛色赤紅、犄角周正的小牛，就算人不想用牠來祭祀，但山川的神明會捨棄牠嗎？」

【講析】

仲弓出生在不好的家庭，但不妨礙他成為出眾的人物，孔子（前6.1章）稱他「可使南面」，現又以牛為況，稱他「騂且角」，預言將來必成大用。不過《論語》「子謂某曰」往往指孔子對某說，此章雖稱揚仲弓，卻以「犁牛」暗刺其父之不賢，似非孔子對仲弓言者，所以此處的「謂」是評論的意思，朱子曰：「然此論仲弓云爾，非與仲弓言也。」

6.5

子曰：「回也，其心三月不違仁，其餘則日月至焉而已矣。」

【注釋】

1三月：三個月，一季，言其久。

2違仁：違反了仁德。朱注：「仁者，心之德也。心不違仁者，無私欲而有其德也。」

3日月至焉：或日一至此，或月一至此。焉，於此也。

【語譯】

老師說：「顏回這個人呀，他的心能三月不離仁，其他的人，或者一天、或者一月，偶爾會做到仁罷了。」

【講析】

孔子當然是稱讚顏淵，但用語並不是那麼精準。譬如「三月」如指三個月，那三個月多一天或少一天，算不算？其他的人「日月至焉」，所至又算是到了哪種程度？這種比較，是一種大略式的比較，說這話時常也帶著一些情緒的因素，是不能在字面深究的。三月其實不算長，但與一日或一月偶至，則可算是恆久了。程頤說：「三月，天道小變之節，言其久也，過此則聖人矣。不違仁，只是無纖毫私欲。少有私欲，便是不仁。」尹焞說：「此顏子於聖人未達一間者也，若聖人則渾然無間斷矣。」都是在說顏淵離聖人或仁人尚有一步之差，因為他「只能」三月不違仁，另外「不違仁」是比較消極的說法，即使更久「不違仁」，是否能算「仁者」，還是不能確定的。

太過拘泥在孔子說的「三月」上面，會造成誤解的。孔子說的顏子的「三月」是拿來與一般人的偶一行之作比較，卻不是拿來與聖人的「渾然無間斷」作比較，何況孔子也不敢承認自己行仁是「渾然無間斷」的。

另外「日月至焉」指的是所存的心很片斷，不如「三月不違仁」的周到，當然在「行仁」上，也比較出高低了。王夫之說：「仁有不易言者。有所感，則見理於事；無所感，則見理於心；有所思，則體天理流行之大用；無所思，則存吾心虛靜之本體；無非與仁而相依，而後其仁純矣。乃以此省二三子之用心，唯回也，則前念後念相續之際，未嘗離此而弛其心以之於昏昧；百為萬感交集之下，未嘗舍此而縱其心以逐於私利。如是者，可以至於三月之久而如一也。若其餘之從事於此者，其心無能自勉於物交之蔽；而或靜而至焉，覺清明之氣象有何馮者，其動也，則又有人欲之相誘也；或動而至焉，其惻怛之真忱有不昧者，其靜也，則又不知天理之何存也。日一至者有之矣，遂以為功之密矣。或月一至焉，亦以為有所得矣。如是以言仁，恐其不至者非仁，而至者之未能保其仁也。」王夫之以顏淵行仁「前念後念相續之際，未嘗離此而弛其心以之於昏昧」，較偶一為之的其他人為高，比較之下，王之所論更細，讀者也可從此思考。

6.6

季康子問：「仲由可使從政也與？」子曰：「由也果，於從政乎何有？」曰：「賜也，可使從政也與？」曰：「賜也達，於從政乎何有？」曰：「求也，可使從政也與？」曰：「求也藝，於從政乎何有？」

【注釋】

1 **果**：果決，有決斷。
2 **於從政乎何有**：在從政上言有何難處呢？
3 **達**：通達事理。
4 **藝**：多才能。

【語譯】

季康子問：「仲由可使從政嗎？」孔子說：「仲由果敢，從政有何難處？」又問：「端木賜可使從政嗎？」孔子說：「端木賜通達，從政有何難處？」又問：「冉求可使從政嗎？」孔子說：「冉求多藝，從政有何難處？」

【講析】

孔子因材施教，門下也因材致用。程頤說：「非惟三子，人各有所長，能取其長，皆可用也。」又有含意是，政治既是管理眾人的事，則需要各方優秀人才。

6.7

季氏使閔子騫為費宰。閔子騫曰：「善為我辭焉。如有復我者，則吾必在汶上矣。」

【注釋】

1季氏：魯大夫，不確定是季桓子或是季康子。
2閔子騫：名損，孔子弟子。
3費（ㄅㄧˋ）宰：費地的主管官。費為季氏邑。
4復我者：再次召請我。復，再也。
5在汶上：喻去魯至齊。汶（ㄨㄣˋ），水名，在齊南魯北境上。在汶上，指前往汶水北之齊也。

【語譯】

季氏要派人來要請閔子騫做他費邑的主管，閔子騫說：「請你好好幫我推辭吧，假如再來召我，那我必定身在汶水之上了。」

【講析】

季氏為魯國大夫，卻專權跋扈，不臣於魯，其邑宰也屢叛季氏，可見混亂。在季氏手下為官，正如謝良佐說的：「剛則必取禍，柔則必取辱」，不如不就，所以閔子有汶上之嘆了。

6.8

伯牛有疾，子問之，自牖執其手，曰：「亡之，命矣夫！斯人也而有斯疾也！斯人也而有斯疾也！」

【注釋】

1有疾：有重病。
2問：探病。
3牖：病榻旁之窗。

【語譯】

冉伯牛得了重病。老師去探病，從窗外握著他的手，說：「萬一走了，這是命吧！唉，像這樣的人卻有這種病啊！像這樣的人卻有這樣的病啊！」

【講析】

孔子連嘆息兩次，情真而意切。

此章有一說法，指伯牛（冉耕）即前章「子謂仲弓曰」仲弓（冉雍）之父（見錢穆《論語新解》），如成立的話，兩章放在一起，可能引起爭議。在前章中孔子極力稱揚仲弓，說他是出身「犂牛」家庭，而自己卻成了「騂且角」的牛，以犂牛（雜毛牛）相況的仲弓的父親，前章毀而此章譽，很難說其中無矛盾存在，但不能懷疑孔子在說話中所顯示的真誠，假如所說是一人，則面對有疾病之苦、死亡之險的人，如有錯或不周全處，也都會原諒而不予計較了。

歷代爭議在討論伯牛到底得了何病，以致孔子必須「自牖執其手」，因此判斷伯牛得的可能是如癩病或痲瘋之類的惡疾，孔子怕感染。是否真實，無法證明。其次朱子言：「禮：病者居北牖下。君視之，則遷於南牖下，使君得以南面視己。時伯牛家以此禮尊孔子，孔子不敢當，故不入其室，而自牖執其手，蓋與之永訣也。」說的很堂正，但恐也非其實，大體而言，探病或臨喪，有不忍與悲痛之心，往往不拘小禮小節。自牖執其手，可能是未及入室，或室中有物阻擋，而病人正巧臨窗，應是當時之自然，而非刻意而為之也。

6.9

子曰：「賢哉，回也！一簞食，一瓢飲，在陋巷。人不堪其憂，回也不改其樂。賢哉，回也！」

【注釋】

1 簞：盛飯的竹器。

2瓢：取水的杓，以瓠為之。簞食瓢飲，指生活條件差，喻貧窮。

3巷：古人稱巷有二義，里中道為巷，人所居亦謂之巷，巷即室也。本文採後義。

【語譯】

老師說：「顏回真是賢者呀！吃竹簍裡的飯，喝瓠瓢中的水，住的是簡陋的居室。別人都憂愁不堪了，他卻不改樂天的本性。顏回真是個賢者呀！」

【講析】

孔子也自況說：「飯疏食飲水，曲肱而枕之，樂亦在其中矣。」（《述而》篇7.15）可見顏回與孔子同心。程顥說：「顏子之樂，非樂簞瓢陋巷也，不以貧窶累其心而改其所樂也，故夫子稱其賢。」「簞瓢陋巷非可樂，蓋自有其樂爾，其字當玩味。」又曰：「昔受學於周茂叔（周敦頤），每令尋仲尼、顏子樂處，所樂何事？」宋明儒多喜論此，其意深長，頗值探究。

王夫之說的較細，其曰：「夫子曰：人之有得於心也，至於樂焉而止矣；而能有其樂者，至於無可改而止矣。蓋人心原有此浩然自得之意，曠觀之天地而無所疑也，靜觀之萬物而無不順也。道之無窮，即為心之無窮；理之無礙，即為情之無礙。雖然，得之者亦鮮矣。以此思之，賢哉回也，其有體備乎天地萬物之理者乎！其有灼見乎天地萬物之心者乎！唯其賢也，故其貧：食則一簞而已矣，飲則一瓢而已矣，所居者陋巷之中也。此人之所不堪其憂者也，乃回也，非直不憂也，吾見其樂也。其樂也，不以貧而改也。是其所為樂者，全乎心而忘乎身，全乎身而忘乎世。則使其處乎富貴福澤之中，亦樂而已矣；即使處乎憂危患難之中，亦此而已矣。夫豈見貧之可安而安之也乎？以其所得，想其所存；以其所存，想其所發，何所得而非天理之固然？則何所為而非天德王道之必然者乎？」王夫之說真正的賢人，內心是自足的，故所樂是道，其樂在心，不在身與世上求，當然不在乎簞瓢陋巷，也不在乎錦衣玉食了。讀者可於此玩味深思。

6.10

冉求曰：「非不說子之道，力不足也。」子曰：「力不足者，中道而廢。今女畫。」

【注釋】

1 **冉求**：冉求，字子有。

2 **中道而廢**：做一半而停止。中道，做一半。廢，放棄、停止。

3 **女畫**：女同汝。畫，畫地自限也。

【語譯】

冉有說：「並非不喜老師之道，而是力量不夠呀。」老師說：「力量不夠，做了一半再停，一開始就說力量不夠，就是畫地自限呀。」

【講析】

冉有說的不見得不是實話，孔子之道至大至廣，正如顏淵所說：「瞻之在前，忽焉在後」，有時候真的不好掌握。但孔子之道極重學習，認為聖賢境界都是可學而至，是有途徑可循、有方法可達的，所以努力是很必要的。冉有一開始就認為不能，寸步不肯進，當然永遠無法達到目標。荀子曰：「不積跬步，無以至千里；不積小流，無以成江海」，也正是此意。

6.11

子謂子夏曰：「女為君子儒，無為小人儒。」

【注釋】

1 儒：《說文》：「儒，術士之稱。」所謂「術士」指一種有專業的人。又說：「儒，柔也。從人需聲。」可見此項專業的工作性質原在文化一類（大概指一些處理社會一般禮儀儀式的事）上，與武備或勞力的技藝相反。到孔子，儒家成為一種學派，強調文化與道德的價值，人應承擔人類社會的責任，所以鼓勵人精進有為，與道家主張清淨無為形成對立。

2 君子儒、小人儒：此處的君子、小人是以廣狹論，而非從正邪上分。君子儒指儒家之儒，小人儒，指一般從事禮儀事業的專業人員。

【語譯】

老師對子夏說：「你要做個君子儒，不要做個小人儒。」

【講析】

孔子死後，子夏設學西河，西河之人，多以孔子視子夏。子夏治學嚴謹，嘗曰：「博學而篤志，切問而近思」（《子張》篇19.6），所從學者甚多，影響後世極大，漢儒傳經，多源自子夏。此章孔子提醒子夏，作一儒者，學問切忌只成一專業，而應有更大理想，並有以天下國家為己任的襟抱，這是君子儒與小人儒的差別。錢穆以為：「推孔子之所謂小人儒者，不出兩義：一則溺情典籍，而心忘世道。一則專務章句訓詁，而忽於義理。子夏之學，或謹密有餘，而宏大不足，然終可免於小人儒之譏。」

6.12

子游為武城宰。子曰：「女得人焉爾乎？」曰：「有澹臺滅明者，行不由徑。非公事，未嘗至於偃之室也。」

【注釋】

1 子游：孔子弟子，言偃，字子游，吳人，少孔子四十五歲。

2 武城：魯邑名。

3 焉爾：於此。

4 澹臺滅明：姓澹臺，名滅明，字子羽。後亦為孔子弟子。

5 行不由徑：不走小路。徑，小路。

【語譯】

子游做武城城宰。老師問：「你在那兒有沒發現特殊的人才呢？」子游說：「有一個名叫澹臺滅明的人，不走小路，不是因為公事，從不到我住處來。」

【講析】

楊時曰：「為政以人才為先，故孔子以得人為問。如滅明者，觀其二事之小，而其正大之情可見矣。後世有不由徑者，人必以為迂；不至其室，人必以為簡。非孔氏之徒，其孰能知而取之？」朱子也說：「持身以滅明為法，則無苟賤之羞；取人以子游為法，則無邪媚之惑。」都說得很正確，但也有推論太過之嫌，要注意的是，孔子聞子游之言後，並沒有加以評論。從陳述的材料看來，楊時與朱子的說法，缺乏更積極的佐證，像澹臺滅明這樣的人說他清高正直是可以的，但光是在道德上清高正直，行為上則有點過於嚴謹拘泥，算不算是孔子所問的「人才」呢？恐怕還是有問題的。

6.13

子曰：「孟之反不伐，奔而殿。將入門，策其馬，曰：『非敢後也，馬不進也。』」

【注釋】

1 孟之反：魯大夫，姓孟，名側。

2 伐：誇功也。

3奔而殿：軍隊打敗了奔逃時殿後。奔，敗走也。殿，軍後曰殿。戰敗而還，以殿後為功。
4入門：回國進城門。
5策其馬：鞭其馬以向前。

【語譯】

老師說：「孟之反是個不自誇的人。軍隊打敗仗了，他在最後方壓陣。快進自己城門時，又策其馬向前，說：『不是我敢在後面壓陣拒敵，而是我的馬跑不快呀。』」

【講析】

此章之事，《左傳・哀公十一年》有記：「孟之側後入以為殿，抽矢策其馬，曰：『馬不進也。』林不狃之伍曰：『走乎？』不狃曰：『誰不如？』曰：『然則止乎？』不狃曰：『惡賢？』徐步而死。」孟之側即孟之反。顏淵曰：「願無伐善，無施勞」（《公冶長》篇5.25），孟之反確實做到了，因此孔子稱他「不伐」。

「不伐」一方表示謙虛，一切不爭功諉過，顯示處處為人設想，這種人的胸懷襟抱往往是很宏大的。

6.14

子曰：「不有祝鮀之佞，而有宋朝之美，難乎免於今之世矣！」

【注釋】

1不有……而有：無有此而有彼。王引之《經傳釋詞》釋「而」為「與」。即無此亦無彼。本文不採。

2祝鮀（ㄊㄨㄛˊ）：衛大夫，字子魚，有口才。祝，本是宗廟掌祭祀之官。

3佞：口才也。

4宋朝：宋公子，出奔在衛，是美男子。朱注：「有美色」。古人美色不僅指女，也可指男。

5難乎免：非此難免。

【語譯】

老師說：「一個人沒有祝鮀般善說的本事，只有宋朝的美色，恐怕在今天的世上也難以生存的吧！」

【講析】

此章不甚好解，姑作以上語譯。王引之《經傳釋詞》釋「而」為「與」，意思是「不有」兩字統攝以下兩句，即「沒有如祝鮀般善說的本事，也沒有宋朝的美色，在世上很難生存」，但「而」字下有一「有」字，就不好解釋了。假如說原意是「沒有」祝鮀之佞，「只有」宋朝之美，當然又是一說，但是否說孔子許可美色呢？便又成了話題。朱注曰：「衰世好諛悅色，非此難免，蓋傷之也。」將諛與色並舉，似以為「而」字的「有」字應去，可見欲作合理解釋，困難重重。大致而言，此章本意可能不在論鮀、朝之為人，而在感嘆世俗之好佞，或者佞色皆好，是可確定的。

6.15

子曰：「誰能出不由戶？何莫由斯道也？」

【注釋】

1戶：門也。《說文》：「戶半門也。」古人稱單扇的門曰戶。

2何莫：為何不。

3斯道：此道。道，即孔門之正德至道。

【語譯】

老師說：「誰能外出時不經過門戶呢？那麼在人生之途，他卻為何不會走正道呢？」

【講析】

這是就近取譬的話。孔子理想高遠，從高遠處看，望之凜凜，但出發點都在生活的細處，只要看，都看得出，只要做，都做得到。仁的極致難以達成，但行仁可以不擇處，也就是可以時時行仁、處處行仁，不必非想到仁的極致。此處以「由戶」相況，正好說明孔子之道的一般處。

6.16

子曰：「質勝文則野，文勝質則史。文質彬彬，然後君子。」

【注釋】

1 **質**：本質。指一個人或一件事原來的樣子，沒經過文飾的。

2 **勝**：超過。

3 **文**：經過文彩修飾的東西，可指人，也可指事。

4 **野**：野蠻、粗鄙。

5 **史**：指在朝廷掌文書之官，所為文多高華優美，後世「臺閣體」詩文屬之。朱注：「多文習事，而誠或不足也。」

6 **彬彬**：相半也，引伸為平均貌。朱注：「彬彬，猶班班，物相雜而適均之貌。」

【語譯】

老師說：「質樸勝過文彩，就像野人一樣的粗鄙，文彩勝過質樸，則流於如文書官的喜文飾。要質樸與文彩平均發展，才能算是君子呢。」

【講析】

所有文化活動，都含有內外兩部分，譬如行禮，內心必須敬誠，這是內在部分，而禮之為禮，也必須有一套規矩、儀式，這是外在的部分。這個內在與外在的部分，就是本章所談的質與文的問題，《論語正義》說：「禮有質有文。質者，本也。禮無本則不立，無文不行。能立能行，斯謂之中……君子者，所以用中而達之天下者也。」簡單說，君子與禮制一樣，要內容與形式並重。

康有為有段話說得很好，他這段話原不是針對《論語》，是在《廣藝舟雙楫》書中針對書法所說，但對次章文質並重之旨，做了很好的說明，他說：「衣以掩體也，則短褐足蔽，何是采章之觀？食以果腹也，則糗藜足飫，何取珍羞之美？垣牆以蔽風雨，何以有雕粉之璀璨？舟車以越山海，何以有璣組之陸離？詩以言志，何事律則欲諧？文以載道，胡為辭則欲巧？蓋凡立一意，必有精粗，凡營一室，必有深淺；此天理之自然，非人為之好事。」讀者可據此思考文化上內容與形式方面的事。

6.17

子曰：「人之生也直，罔之生也幸而免。」

【注釋】

1 **直**：正直。

2 **罔之**：無之，指無正直之心，即不直也。

3 **幸而免**：倖而免於難。

【語譯】

老師說：「人靠正直而生存，也有不正直的人能生存的，那是因別人正直而倖免於難。」

【講析】

世上有正直的人，也有不正直的人，有善人，也有惡人。正直與善都是正道，這世界的合理運行，是靠這正道的力量，而非靠反正道的力量。惡人當道，善人都無法生存，而善人當道，往往使得惡人倖免於難，也有生存的機會，這純是善人寬厚仁愛之所致。

6.18

子曰：「知之者不如好之者，好之者不如樂之者。」

【注釋】

1 **好之**：愛好。好去聲。

2 **樂**（ㄧㄠˋ）**之**：以之為樂。樂，喜樂。

【語譯】

老師說：「知道它不如愛好它，愛好它不如喜樂它。」

【講析】

知之、好之、樂之都是正面的，但程度不同。

此處的所知、所好、所樂既指學，也指道。

現以道而言，知之是知道它存在，卻不見得與我發生聯結，在這狀況下，道是道，我是我。但好之就不同了，好之就表示我願意主動與道接觸，與道聯結，慢慢的，我入道就深了。更進一步是樂之，我以得道為喜，失道為憂，那道就成為我生命的一部分了，我與道，便可能達到渾然一體的境界，至此，當然是最高的成就了。尹焞曰：「知之者，知有此道也。好之者，好而未得也。樂之者，有所得而樂也。」言之成理，但稍有隔。

宋儒喜歡與人討論「孔顏樂處」，孔顏的樂處與西方所倡「酒神」式（Dionysian）的放縱性快樂不同，也與宗教聖徒那種崇仰上帝的喜樂不同。酒神式的快樂是狂喜、醉酒，是靠著燃燒與麻醉所得，而聖徒的喜樂則來自於崇敬與榮寵之心，聖徒與上帝之間，是有層永遠無法超越障礙存在的，也就是說聖徒再偉大，也無法與上帝並列，聖徒之樂在安於為聖徒，絕不試圖取代上帝的。酒神式之樂，純在放縱自我，而聖徒式之樂，純在崇拜上帝，甚至是放棄自我。「孔顏樂處」的樂既異於酒神，也異於聖徒，這種樂更接近天人合一的境界。在中國人看來，知識與天理也是有生命力的，而人的生命是可以跟天理結合而成為一體，所以在自己身上，也可能「天理流行」的。孔顏的樂處，在於人性與廣大的天理結合，這個境界推到極致，便是聖人即我，我即聖人、天理即人性，人性即天理，王陽明所標榜的良知，就是天理與人性的結合狀態。

6.19

子曰：「中人以上，可以語上也；中人以下，不可以語上也。」

【注釋】

1 中人：中等材質的人。

2 語（ㄩˋ）上：告其高深之道。語，告也。上，指高深道理。

【語譯】

老師說：「中等以上材質的人，才可以跟他講高深的道理。中等以下材質的人，是無法與他說高深道理的。」

【講析】

孔子並不是歧視中等以下資質的人。道有深淺，人的智慧也有高下，不是所有的人都能全然明白孔子所說的道。這純就事實而言，並不在分人等差，故此章「不可」兩字，不是禁止，而是指難為之意。

孔子主張「有教無類」（《衛靈公》篇 15.38），可見並不歧視智慧低下的人，只是施教的方式要因而調整。朱子在《為政》篇答諸人問孝答案不同時，引程頤言：「各因其材之高下，與其所失而告之，故不同也。」王陽明也在《傳習錄》中說：「不是聖人終不與語。聖人的心憂不得人人都做聖人。只是人的資質不同，施教不可躐等。中人以下的人，便與他說性，說命，他也不省得也，須慢慢琢磨他起來。」意思是中人以下，難以喻上，如要他明白較深的道理，須要費更多的心。

6.20

樊遲問知。子曰：「務民之義，敬鬼神而遠之，可謂知矣。」問仁。曰：「仁者先難而後獲，可謂仁矣。」

【注釋】

1 務民之義：處理人民事務所宜者。

2 敬鬼神而遠（ㄩㄢˋ）之：尊敬鬼神，但與鬼神保持距離。遠，遠離。

3 先難而後獲：先做難事，而不談、或後談所得。

【語譯】

樊遲問怎樣算智。老師說：「做管理百姓該做的事，敬鬼神而與鬼神保持距離，可以說是智了。」樊遲又問怎樣算仁。老師說：「一個仁者都是先做難做的事，不計算所得多少，做到這地步，可以算仁了吧。」

【講析】

此章應是樊遲要出仕，臨行問所當為之事，孔子答其所問，雖有知、仁之分，而專有所指，並非泛論所有。孔子之時去古未遠，民間信仰鬼神，治民不能盡止其俗，只有敬而遠之（保持距離），不要弄得人鬼不分，這才叫智。仁者有高大理想，不為小得小失所囿，有時必須有「明其道不計其功」的工夫，才可稱之為仁。

6.21

子曰：「知者樂水，仁者樂山；知者動，仁者靜；知者樂，仁者壽。」

【注釋】

1樂（ㄧㄠˋ）水：喜愛流水。樂，喜愛，以之為樂。

2樂（ㄧㄠˋ）山：喜愛高山。

3知者樂（ㄌㄜˋ）：智慧者多快樂。

【語譯】

老師說：「智者喜歡流水，仁者喜歡高山；智者常動，仁者常靜；智者常樂，仁者常壽。」

【講析】

此章孔子分析知、仁兩德，從不同層面相況。要注意，所說都是相況之詞，所謂能近取譬，只能求意象之近，不能說必然如此。如「知者樂水，仁者樂山」，是以流水的流轉變化形容智慧，但要知道，在現實世界，有智慧的人不見得一定喜愛流水，仁者樂山，也是同樣意思，硬說便成為穿鑿。朱子言：「知者達於事理而周流無滯，有似於水，故樂水；仁者安於義理而厚重不遷，有似於山，故樂山。」不能說沒有道理，但也同樣不可過分拘泥於字面，否則反不達。後面的動、靜，樂、壽皆是相對比較用詞，充滿了象徵的作用。王夫之說得好，他說：「夫智、仁各成其德，則其情殊也，其體異也，其效亦分也。而山水之樂，皆造物自然之理；動靜之體，則陰陽合撰之能；樂壽之效，皆性命自然之效。則為仁為智，要以道體而成德。不然，情無固情，心無定體，而效亦不可必矣。故學者順其性之所近，以深造之，各如其量而可矣。」

因為是相況（形容），因此本章充滿了文學的氣質，文學上的描寫，不在事實的切合，而在神態氣韻的把握。看此章的敘述，可見孔子的思想莊重安寧而充滿了靈動，又文彩煥然，能表現難以表現的事物與感情。當然此章對知、仁的描寫，也可視為孔子的自況。

6.22

子曰：「齊一變，至於魯；魯一變，至於道。」

【注釋】

1 齊：齊國。

2 一變：一經改變。

3 至於魯：達到魯國的境地。

【語譯】

老師說：「齊國一經改變，就可同於魯國；魯國一經改變，就可以達到正道了。」

【講析】

朱子言：「孔子之時，齊俗急功利，喜誇詐，乃霸政之餘習。魯則重禮教，崇信義，猶有先王之遺風焉，但人亡政息，不能無廢墜爾。道，則先王之道也。言二國之政俗有美惡，故其變而之道有難易。」此章是孔子對春秋時諸侯國的評騭，獨舉齊、魯，是因為二國是西周姜太公與周公的封地，雖早已變化，但餘烈猶有保存，孔子認為，多加努力，還是有望實施西周初年的王道理想的。

當時齊強魯弱，強國霸業，不是孔子的理想，他說：「齊一變，至於魯」，是期望齊能變得如魯一樣的接近王道，但他對魯的狀況也並不滿意，說：「魯一變，至於道」，是期望經改變後的魯，政治可達更高的理想。他厭棄霸道，在乎的是合理又和平的王道思想，希望有一天終能實現。這兩句話中充滿了預期，孔子對當時的現實政治十分不滿，但難能可貴的是，他從來沒有放棄希望。

6.23

子曰：「觚不觚，觚哉！觚哉！」

【注釋】

1觚（ㄍㄨ）：棱也，器之有棱者，或酒器，或木牘竹簡，皆有棱。

2不觚：當時失其制而不為棱也。

【語譯】

老師說：「觚已不是觚了，還稱什麼觚呀！稱什麼觚呀！」

【講析】

大致說來，是對現實表示不滿的語氣，所指有很多可能，有點像看到不順眼的事，發出「畫虎不似還類犬」式的喟嘆。

觚的說法有很多種，解釋在細節處也不統一，此處採用的是朱子的解釋。孔子感嘆古制不存，當然這種感嘆可以引申發揮，如程頤說：「觚而失其形制，則非觚也。舉一器，而天下之物莫不皆然。故君而失其君之道，則不為君；臣而失其臣之職，則為虛位。」這是引申之一例，不是必然，孔子此說，也可能有他指，硬說孔子的「觚不觚」指的是君臣失道失職，恐怕也有點穿鑿。

6.24

宰我問曰：「仁者，雖告之曰：『井有仁焉。』其從之也？」子曰：「何為其然也？君子可逝也，不可陷也；可欺也，不可罔也。」

【注釋】

1 **井有仁焉**：有人落井。仁字當作人。
2 **其從之也**：他會跟隨入井嗎？也同耶，疑問詞。
3 **逝**：往也。
4 **陷**：陷害。
5 **罔**：迷罔、迷惑。

【語譯】

宰我問說：「有人告訴仁者說井中有人落水，請問仁者會跟著入井嗎？」老師說：「為什麼要這樣呢？君子可以過去看，但不能被陷害；也許一時會被騙，但不能讓他始終糊塗。」

【講析】

此章藉宰我與孔子的對話引出君子（或仁者）的處世問題。君子是正直的，是善良的，這點無庸懷疑，但正直與善良不表示可欺可罔，身在井上，可設法救人，一同入井，形同自陷，反而將危機加重，便是愚蠢了。知者不必是仁，而仁者必定有知，所以世上不乏愚忠愚孝，卻從未聽聞有愚仁者。後面說的可逝不可欺、可欺不可罔，也是同樣意思。《孟子‧萬章上》：「君子可欺以其方，難罔以非其道」，也是同樣的意思。

6.25

子曰：「君子博學於文，約之以禮，亦可以弗畔矣夫。」

【注釋】

1 **博學於文**：擴充各方知識。文，指詩書禮樂，一切典故制度，大凡是文化所累積的所有材料，此處不專指狹義的文學而言。

2 **約之**：約束、歸納。

3 **禮**：有二解，一指禮樂之禮，朱子曰：「守欲其要，故其動必以禮。」；一說禮者履也，言人所可履行之也。語譯從前解。

4 **弗畔**：無所違背。畔，同叛，背也。

【語譯】

老師說：「君子要博學各方知識，並且會以禮約束行為，這樣的話，就可以不背大道了。」

【講析】

君子必須有廣博的知識，所以要博學於文，但不可因知識超人而肆無忌憚，所以須約之以禮。明末顧炎武論學，提出「博學於文，行己有恥」為宗旨，其實根源於此。

6.26

子見南子，子路不說。夫子矢之曰：「予所否者，天厭之！天厭之！」

【注釋】

1子見南子：孔子見衛靈公夫人南子。朱子曰：「南子，衛靈公之夫人，有淫行。孔子至衛，南子請見，孔子辭謝，不得已而見之。蓋古者仕於其國，有見小君之禮。」

2子路不說：子路不高興。說同悅。子路以孔子見此有淫行之人為辱，故不悅。

3矢（ㄕˇ）：誓也。

4所否者：否，謂不合於禮，不由其道也。

5天厭之：上天厭棄。

【語譯】

老師見了南子，子路不高興。老師對天發誓說：「我如做了不合禮的事，天會厭棄我！天會厭棄我！」

【講析】

此章記孔子見南子而子路不悅事，本來都沒問題。孔子仕衛，依情依禮，不得不見南子，子路因南子有淫行以為辱，不悅也甚合理，孔子如向子路做一解釋，應都能解決。問題在孔子見子路反應後，自己也動了情緒，對天發誓，又連說兩次天厭之，就顯得有些失態了。但《論語》存此紀錄甚好，假如此紀錄無誤的話，顯示仁者雖不動如山，而不論仁者或聖人其實都是有血肉的人，也會有動情緒而失常的時候。

6.27

子曰：「中庸之為德也，其至矣乎！民鮮久矣。」

【注釋】

1 中庸：本指一般人，一般的道理。朱子言：「中者，無過無不及之名也。庸，平常也。」如果指一般道理的話，是說為一般人所設的常道，有大與普遍的特性。

2 至：極也。

3 鮮久矣：不見久矣。鮮，少也，民少此德，今已久矣。

【語譯】

老師說：「中庸作為一個德性講，是那樣的崇高啊！可惜一般民眾，少此德已很久了。」

【講析】

孔子並未說到中庸之道到底是什麼，依字面解釋，中庸是個普遍存在的常道，所謂普遍，只指面積廣大（如是人，便是多數人），常道中的常，就是指經常、恆常，有長時間的意思，一個道理經過長時間考驗，適合大多數人實行，叫作常道，便合乎孔子所謂「至」的定義。

孔子可能發覺一個可行之久遠的「至道」不再流行，社會流行的不是「小道」就是「左道」，顯然有一種日趨偏狹的走勢，因而發出「民鮮久矣」之嘆。

6.28

子貢曰：「如有博施於民而能濟眾，何如？可謂仁乎？」子曰：「何事於仁，必也聖乎！堯舜其猶病諸！夫仁者，己欲立而立人，己欲達而達人。能近取譬，可謂仁之方也已。」

【注釋】

1 博施：廣博施予。

2濟眾：拯救眾人。濟，救濟、拯救。
3何事於仁：朱注：何止於仁。意指如此的話，那何止是仁呢！
4必也聖乎：必定是聖人始能為之乎。
5堯舜其猶病諸：堯舜猶或有病於此，指有德有位的堯與舜，也不見得能真做得到。
6能近取譬：能在近處取得譬喻。
7仁之方：行仁的方向。

【語譯】

子貢問說：「一個人能廣博施愛民眾，又能救民於水火，這人怎樣呢？可以算是仁了吧？」老師說：「這哪是仁者能做到的，要做到，必定是有德有位的聖人吧？就是要堯舜來做，恐怕也做不周全呢！一個仁者，自己想建立，也會幫助別人建立，自己求成功，也幫助別人求得成功。能從近處取得譬喻，可以說是行仁的方向了。」

【講析】

「仁」為孔子學說的核心，但「仁」字並不好解說。在孔子之前，仁字並沒有太豐富的含意，只作「果仁」解，引申為感覺，有「麻木不仁」之說，直到孔子，將之賦予極高的道德意義，是故程頤言：「醫書以手足痿痹為不仁，此言最善名狀。仁者以天地萬物為一體，莫非己也。認得為己，何所不至；若不屬己，自與己不相干。如手足之不仁，氣已不貫，皆不屬己。故博施濟眾，乃聖人之功用。」可以說將仁字從本意推廣成引申意的最好解釋了。

王夫之解釋此章「已欲立而立人，已欲達而達人」，說的很好，讀者可自參酌。他說：「一情之起，即有一情之用；一念之發，即有一念之真；一理之在，即天下之理所自得，而仁之體可得而見矣。此求仁以其方，而仁之為仁，自深切而著明也。無念非欲，無欲非立達，譬之譬之，而心不敢自逸，因而立之達之，而事各盡其所可為，知仁之體，識仁之用，無終食之間可違也，則四海之大，兆民之象，吉凶利病之無窮，待吾博濟之功用者，且以實心循實理，而徐俟其成能。若德盛化神之所為，早已系吾心，而反疏其當念，蓋徒有其虛願，而仁者亦何事此哉！蓋子貢之言，跡也，而非心也；如以此為心，則又心也，而非理也。聖人之仁，一實之理生於心，非一心之想成乎理，學者烏可以不辨哉！」

此章子貢本欲問仁，卻引導孔子跟他說仁、聖之別來。孔子之前的聖人，指有德有位的人，如堯、舜、文、武之類，有其位，才能充分實現「濟民」之舉，里巷的「仁人」，因無其位，是無法做到的。但里巷的仁人仍可做到「已欲立而立人，已欲達而達人」，個人也可發揮道德的極致，只是施仁的範圍也許小些，然也無須因此而自餒。

卷四

述而第七

《述而》篇，共三十七章。
朱子以為此篇多記聖人謙已誨人之辭，及其容貌行事之實。

7.1

子曰：「述而不作，信而好古，竊比於我老彭。」

【注釋】

1述：傳述舊聞。
2作：創作。
3信而好古：信古又好古。
4竊比於我：於我竊比。竊比，謙辭。
5老彭：一說指商賢大夫，其名見《大戴禮》，但細行不詳，一說指老子與彭祖二人，不採。

【語譯】

老師說：「我的學問只傳述舊聞，不能算是新作，我相信古人也喜好古人，私下把自己比擬成古人老彭。」

【講析】

此章是孔子自述。

朱子說：「孔子刪《詩》《書》，定《禮》《樂》，贊《周易》，修《春秋》，皆傳先王之舊，而未嘗有所作也，故其自言如此。蓋不惟不敢當作者之聖，而亦不敢顯然自附於古之賢人；蓋其德愈盛而心愈下，不自知其辭之謙也。」當然後人也有不贊成孔子「刪《詩》《書》，定《禮》《樂》，贊《周易》」之說的，指出孔子並未「刪、定」六經，但六經因孔子流傳而發達也是事實。朱子又說：「夫子蓋集群聖之大成而折衷之，其事雖述，而功則倍於作矣。」其實孔子的「述」遠超過了一般「作」的貢獻，他的「述」中，也包括了許多創「作」的成分。至於孔子心儀的老彭究竟是誰，因缺乏記載，便只好存而不論了。

7.2

子曰：「默而識之，學而不厭，誨人不倦，何有於我哉？」

【注釋】

1識（ㄓˋ）：記也。

2何有於我：於我有何難，意即我已做到了。亦言何者能有於我也，即皆我所不能。朱子採之，曰：「三者已非聖人之極至，而猶不敢當，則謙而又謙之辭也。」本文不採。

【語譯】

老師說：「默默的記下來，學習從不厭倦，教人也從不放棄，這些對我來說，有什麼困難呢？」

【講析】

本章所說三事，對孔子而言都很尋常，也確實都做到了，孔子真誠直道，言語皆自性情流出，非自伐之言，但也非謙辭。

7.3

子曰：「德之不修，學之不講，聞義不能徙，不善不能改，是吾憂也。」

【注釋】

1德之不修，學之不講：尹焞曰：「德必修而後成，學必講而後明。」

2徙：遷徙、改從。

【語譯】

老師說：「德不知修，學不知講，知道合理的事不能隨著做，有不善的地方不能改，是我擔憂的地方。」

【講析】

此四者，都是修德進業最基本的事，孔子以之自勉，亦以之勉人。

7.4

子之燕居，申申如也，夭夭如也。

【注釋】

1 燕居：平居，指日常生活。

2 申申如：伸展舒張的樣子。

3 夭夭如：顏色溫婉和緩。

【語譯】

孔子平居時，總是神態舒暢、顏色和悅的樣子。

【講析】

申申如也，令人想到小樹舒展枝葉，在和煦的春陽中滋長的樣子，《詩》有「桃之夭夭，灼灼其華」一句，夭夭如也，令人想到如桃花一般的美麗顏色，正春色和暖，世界一切欣欣向榮。

此章說明孔子平居生活的樣子，極平實，又刻畫深刻。歸本溯源，心中坦蕩，壓力自減，神態故能申申如，志趣高妙，所樂在道，顏色自能夭夭如。讀者可於此會心。

7.5

子曰：「甚矣吾衰也！久矣吾不復夢見周公。」

【注釋】

1 衰：年老體衰。

2 夢見周公：孔子盛年，志欲行周公之道，故夢寐之間，如或見之。

【語譯】

老師說：「我真年老又衰弱了吧！已好久不再夢見周公了呢！」

【講析】

日有所思，夜有所夢。一天孔子突驚覺，自己是否已老衰了，或是意志不夠堅強了呢，否則年輕時的夢想為何不再？用反問的語句，更凸顯了孔子對年齡的恐懼與志道之不行的憂慮。

感到時不我與，覺得一生的志向沒有完成，是所有偉大心靈很自然的感受，因為本想做得更大、更好，沒能做成，似是一種遺憾。但假如沒有那種企圖心，人類的文化就停滯了，所以讀者讀此章，應想到孔子從年輕到年老日日思念完成周公事業的樣子。

沒有做成，當然有失落感，但這種失落感不是自憐，起心動念都極為高貴。

7.6

子曰：「志於道，據於德，依於仁，游於藝。」

【注釋】

1據：堅守。
2依：不違。
3游：玩物適情，即涵養、涵泳。
4藝：即六藝。指禮、樂、射、御、書、數，包括藝術與技能。朱子曰：「藝，則禮樂之文，射、御、書、數之法，皆至理所寓，而日用之不可闕者也。朝夕遊焉，以博其義理之趣，則應物有餘，而心亦無所放矣。」

【語譯】

老師說：「一個人要志於道，要堅守品德，還要不違仁心，更要有六藝的涵養。」

【講析】

此章教人為學之道。朱子言：「蓋學莫先於立志，志道，則心存於正而不他；據德，則道得於心而不失；依仁，則德性常用而物欲不行；游藝，則小物不遺而動息有養。」

所舉四端，前三項都是德行面，後一項捻出「藝」來，顯得十分特別。藝依朱子說指六藝，其實藝還有技藝、技術的含意，也可專指藝術而言。假如把藝解釋成謀生的技藝，那表示孔子是很重視生活技藝的訓練的，因為生活技藝是生活的手段，有了它，一般人才能安居樂業。假如把藝當成藝術來講，而孔子的生活中充滿的藝術意涵，也是不可忽視的。尤其重要的在「游」這字，游從水，有活動、周行不止的含意，藝術鼓動人活動力；游也表示有藝術的涵養，人變得更為靈動，言行具有美感，這樣的人生，便不會僵化了。

7.7

子曰：「自行束脩以上，吾未嘗無誨焉。」

【注釋】

1 束脩：一束乾肉。一束十脡，即十條。古者相見，尤其見長者須執贄（禮物），束脩為較薄者。
2 未嘗：不曾。
3 無誨：不教。誨，教也。

【語譯】

老師說：「要是帶來一束乾肉來作求師的見面禮，我也從沒有不教誨他的。」

【講析】

對老師須有一定的敬意，所以求師問道須執禮。禮薄無妨，但須持敬，學生持敬始能虛心向學。

7.8

子曰：「不憤不啟，不悱不發，舉一隅不以三隅反，則不復也。」

【注釋】

1 **憤**：心求通而未得。
2 **啟**：開啟。
3 **悱**（ㄈㄟˇ）：口欲言而未能。
4 **發**：開發以達其辭。
5 **舉一隅**：物有四角，舉一角示之。
6 **反**：反省，推想。
7 **復**：再告，再教。

【語譯】

老師說：「心不求通，我不會啟示他。不是口欲言而不達，我不教他如何開口。我已舉一隅為例了，他卻不曉得推想其他三隅的道理，像這樣的人，我就不再教他了。」

【講析】

此章在說明教學活動中學生一方的條件。

孔子有教無類，但學生先要有求知的欲望，老師才能因材而施教，教育講求互動，絕非一方面的獨施。程頤說：「待其誠至而後告之。」將此章章旨歸之於受教者應誠心受教，當然有道理，不過並非全然。學生求教，必須有受教的動機，憤與悱，是最大的動機。憤是求通而不能，悱是求言而不得，這是學生的困局，倒不是程頤說的誠或不誠的問題。學生知道了自己的困局所在，一心求通、一心求言，老師才可趁勢利導，為之指點迷津。

孔子其實完全掌握了教學之間的心理，而且運用得十分熟練。「舉一隅不以三隅反，則不復也」話說得很堅決，因為推測與聯想，還有自身的努力，是求知不可或缺的手段。「則不復也」四字，聽起來有點絕情，其實目的在強調學生務須努力，萬一努力了還跟不上，也不要擔心，老師其實會暗助他一把的。

7.9

子食於有喪者之側，未嘗飽也。子於是日哭，則不歌。

【注釋】

1未嘗飽：未曾飽食。

2哭：弔喪。

【語譯】

孔子在喪家吃飯，從未飽食。孔子當天弔過喪，就不唱歌了。

【講析】

這章講的不是禮制，沒有禮法規定在喪家吃飯不能吃飽，也沒有禮法規定弔喪過後不得唱歌，朱注於「未嘗飽」下注曰：「臨喪哀，不能甘也。」朱子說「不能」，不是規定不能，而是指當人太過悲傷，則口已無法辨味之意。孔子的「未嘗飽」，指個人未曾飽食，是自己的事，不是別人強加規定的，自己因哀痛吃不下，喪家勸餐，只得勉強進食，因而未飽；「不歌」也是自然，並非勉強遵於禮制而來。

孔子雖強調禮制重要，要學生「博文約禮」，但從不要求人以禮來扭曲人的感情。人的感情偏向直覺，孔子對人這方面的直覺，是充分尊重的，所以孔子的道德，絕大部分來自於內心的自覺，而非來自他律。讀此章，要體會孔子的「自然而然」，因真哀痛，所以「吃不下」（不是刻意「不吃下」）；弔喪後有餘悲，所以「唱不出歌」（而非刻意「不唱歌」），這是最關緊處。

7.10

子謂顏淵曰：「用之則行，舍之則藏，唯我與爾有是夫！」子路曰：「子行三軍，則誰與？」子曰：「暴虎馮河，死而無悔者，吾不與也。必也臨事而懼，好謀而成者也。」

【注釋】

1用之則行：得以用世，則行此道於天下。

2舍之則藏：不用，則藏此道於其身。舍，同捨。

3唯我與爾：只我與你。爾，同汝、你。

4行：率領。

5三軍：萬二千五百人為軍，大國有三軍。

6暴虎馮（ㄆㄧㄥˊ）河：暴虎，徒手與虎搏鬥；馮河，徒步涉河。

7成：定也。

【語譯】

老師跟顏淵說：「有用世的機會，便將此道周行於天下，無用世的機會，便把此道深藏在身，恐怕只有我與你有這本事吧！」子路說：「老師您有機會率領三軍時，要誰跟在你身邊呢？」老師說：「要是一個人徒手搏虎、徒步涉河，到死都不後悔，我是不會跟他一起的。我要的必是臨事而懼、好謀而定的人。」

【講析】

顏淵與子路是孔子的高弟，不幸都比孔子早死。顏淵死時，孔子曾呼曰：「天喪予，天喪予」，可見哀痛。子路死後，竟傳出「仲尼覆醢於子路」的傳說，是源於孔子對兩人十分鍾愛，而且都是發乎至情的。

此章孔子對顏淵顯示欣賞與贊同的態度，但對子路的表現，卻不留餘地的批評，用詞嚴厲。同門爭勝，是很自然的現象，子路的反應當然是因為他「好勇」而直接，但也有吃醋拈酸的成分，他舉出「子行三軍」的例子，確實太強烈了些，所以孔子也很不留情面的指責他。孔子對子路，往往是不留情面的面責，語言不轉圜，不假借，與對其他弟子不同，因此孔子的指責，也有點「因材施責」的成分。不過此處孔子所說的「暴虎馮河」，也有一些動了意氣，因為子路所舉的「行三軍」，也不見得必然全是有勇無謀式的。

此章顯示出師生的性情面貌，顏淵真是個「終日不違如愚」的人，是個默默承受一切的好學生，在此章中顏淵始終沒有說話，也沒寫他表情，就是證據，子路不改他直率、又有點莽撞的性格，孔子呢，會幫學生指出大道理、大方向，是個既有言教也會身教的好老師。但他有時也是會動一些情緒的，這才顯示孔子的真，這樣的紀錄很可貴。

7.11

子曰：「富而可求也，雖執鞭之士，吾亦為之。如不可求，從吾所好。」

【注釋】

1 **富而可求**：富如可求也。而，如也。

2 **執鞭**：手執鞭策，為人駕車。喻低賤之事。

【語譯】

老師說：「富貴要是可求，要我去做駕車之類的事，我也願意去做。如不可求，那就讓我做我喜好的事吧。」

【講析】

這章有點憤激，說富貴可求，再低下的事自己都願意做，便是所謂的動了「意氣」，見出孔子倔強一面的性格，可與《里仁》篇「富與貴是人之所欲也」章（4.5）同看。

7.12

子之所慎：齊，戰，疾。

【注釋】

1 **慎**：謹慎。

2 **齊**（ㄓㄞ）：同齋，齊一精神思慮以事神明。古人祭神前必行齋戒，以為誠之至與不至，神之饗與不饗，皆決於此。

3 戰：戰爭。
4 疾：疾病。

【語譯】

孔子所慎三事：齋戒，戰事，疾病。

【講析】

其實孔子對所有事都抱著謹慎的態度，但也有輕重之分。尹焞曰：「夫子無所不謹，弟子記其大者耳。」但齋、戰、疾三事，前者牽動福禍，後者牽動人的存亡生死，都有無法預知的成分，不是人可以充分掌握的，所以更要謹慎將事，重視其中細節。

7.13

子在齊聞《韶》，三月不知肉味。曰：「不圖為樂之至於斯也！」

【注釋】

1 在齊聞《韶》：在齊國聽到《韶》樂。《韶》，舜時樂名。魯昭公二十五年，魯國發生內亂，昭公奔齊，孔子也於是年適齊。
2 三月不知肉味：喻《韶》樂至美，影響所及，三月之內，食肉亦不知其味之美。
3 不圖：沒想到。

4為樂之至於斯：音樂能達到這樣的境界。斯，此也。

【語譯】

孔子在齊國聽到了舜時的《韶》樂，竟然有三個月吃肉都不辨滋味。說：「從沒料到音樂的作用能達到這個地步啊！」

【講析】

這一方面是《韶》確實極美，另一方面是孔子知樂極深，二者缺一不可。藝術往往有一種奇特的魅力，沉醉其中，能讓人忘記目前所處的真實環境，說之迷惑也好，說之超拔也好。孔子曾在本篇「葉公問孔子於子路」章（7.18）自述他是「發憤忘食，樂以忘憂，不知老之將至云爾」，忘食就是忘記飲食，與此處的三月不知肉味同義；忘憂是指原有憂愁，卻忘記了，不知老之將至，是指明明老了卻不「覺」老，在心理學上，都是超拔的現象，而造成此超拔現象的，往往靠藝術。

此章的重點不在討論孔子三月不知肉味是不是「凝滯於物」的問題，《大學》有：「心不在焉，食而不知其味。」有人說，聖人怎可能「心不在焉」？其實本章的重點是點出孔子的藝術涵養，讓他超拔了實際生活的一切苦難。沒有美學的道德只是制約，有美學的道德便是生活，既是生活，才可無限的延續下去。

7.14

冉有曰：「夫子為衛君乎？」子貢曰：「諾。吾將問之。」入，曰：「伯夷、叔齊何人也？」曰：「古之賢人也。」曰：「怨乎？」曰：「求仁而得仁，又何怨。」出，曰：「夫子不為也。」

【注釋】

1 **夫子為衛君乎**：老師會幫助衛君嗎？為，助也。衛君指當時衛出公輒。起初，出公的祖父靈公逐其世子蒯聵，靈公薨，國人立蒯聵之子輒，晉人納蒯聵，而衛人拒之。當時孔子居衛，弟子不知孔子是否助衛君以子拒父，故有此問。

2 **伯夷、叔齊**：孤竹君二子，已見前章。孤竹君將死，遺命立叔齊，伯夷遵父命逃去，叔齊也不立而逃之，國人立其仲子。

3 **求仁而仁**：追求行仁而終得行仁。在伯夷，仁即孝，在叔齊，仁即弟。

4 **夫子不為**：老師應該不會幫助衛君。因為伯夷叔齊兄弟互讓，而衛君卻是父子相爭。

【語譯】

冉有問：「我們老師會幫助衛君嗎？」子貢說：「好吧，我去問問看。」子貢進了房內，問道：「伯夷、叔齊是哪種人呀？」老師說：「是古代的賢人呀。」子貢問：

「他們會埋怨嗎？」老師說：「他們求仁而得仁，有什麼好埋怨的呢？」

子貢出來，對冉有說：「老師不會去幫助衛君的。」

【講析】

此章甚曲折，冉有想知孔子是否會幫助衛君的事，首先他不自己去問孔子，而去問子貢，已有些奇怪。子貢答以去向孔子請教，又不直問，卻舉伯夷、叔齊的事兜圈子，等孔子說他們求仁而得仁的「不怨」之後，也不在孔子面前點破此問的原因，便出去告訴冉有孔子是不會幫助衛君的。子貢的判斷是否一定正確，其實有討論的餘地的，伯夷、叔齊與衛君的事有同的部分，也有異的部分，不見得可以一概而論的。問答在不很確定的情況下進行，引起了讀者的好奇心，以文章而言，是有起伏、有曲折的好文章，可以引人入勝。其中最重要的人物是子貢，幸好他的預測後來證明是正確的，孔子確實沒助衛君，但這推論也可能冒了一些險。

7.15

子曰：「飯疏食飲水，曲肱而枕之，樂亦在其中矣。不義而富且貴，於我如浮雲。」

【注釋】

1 飯：吃。

2 疏食：粗礪之食物。

3曲肱：曲臂。

4枕之：以之為枕。

【語譯】

老師說：「吃粗食、飲清水，彎起手臂當枕頭，是樂在其中的。不該得的富貴，對我而言像浮雲一樣。」

【講析】

王夫之解釋此章甚好，他以「天不我違，而何不適？物皆我備，而何不遂」來解釋聖人之心之飽滿，因飽滿而無處不自得之況，十分能把握此章之真精神。他說：「聖人之心，渾然天理，有天下而若固有之，處困窮而無不自得，蓋有其樂存焉。此其心體之安於仁而順於天，有不可名言者；而以情言之，則謂之樂。夫子欲以示人，而托之境遇以自言曰：夫人亦安往而不有其樂焉者在乎？以今言之，飯疏食可也，飲水可也，無求飽也；曲肱而枕之可也，無求安也。即此想之，樂亦在其中矣。天不我違，而何不適？物皆我備，而何不遂？心之自得，而何自逆吾心？道之不遠，而何所疑於道？誠樂矣。若夫富貴，則以義為取捨矣。使不義而富且貴，如太虛之中忽而有浮雲焉，非太虛之所有，而必不終有也，其於我何哉？此吾之所以自得於心，而可以與天下共信之者也。嗚呼！人能知吾性之所有，則能知吾性之所無。然能知吾性之所無，或不能全吾性之所有。性之所不全，而情以生。聖人盡性，而其心不易言。謂之曰樂，抑豈樂之所能盡也哉！」

又，此章所記如疏食飲水、曲肱而枕，均十分具體，不憑空立論。後舉浮雲為況，只說不義之富貴與自己無關，並不帶有任何憤嫉之心，極真實又極優美。可見孔子之道德與美學結合，天衣無縫，已達至境。

7.16 子曰：「加我數年，五十以學《易》，可以無大過矣。」

【注釋】

1 **加（ㄐㄧㄚˇ）我數年**：天如讓我多活幾年。加，假也，假即借。《史記・孔子世家》：「假我數年若是，我於《易》則彬彬矣。」

2 **五十**：五十歲。一本作「卒」，指晚年。朱注「劉聘君（劉勉之）見元城劉忠定公（劉安世）自言常讀他《論》，『加』作假，『五十』作卒。」認為「卒」與「五十」是字相似而誤分也。本文採此。孔子不應五十尚未學《易》，但《易》學艱深，自覺迄未學成，而有此嘆。

3 **學《易》**：朱子曰：「學《易》則明乎吉凶消長之理，進退存亡之道，故可以無大過。」

【語譯】

老師說：「天如再給我幾年，讓我晚年可以把《易》學成，那我就不會犯大錯了。」

【講析】

此章有不同解說，有認為是孔子五十歲之前說的，但《史記・孔子世家》載：「孔子晚而喜

《易》。」又說：「讀《易》，韋編三絕。」此說與晚年喜《易》似有不同。朱子認為「五十」作「卒」字解較通，今採朱注。也有認為五十以學為一讀，「易」字應作「亦」字，連下句。皆不採。《易》原為古時占卜之書，後世解釋，多附益天道人倫之大義於其中，故孔子言學易可以無大過。

7.17

子所雅言，《詩》、《書》、執禮，皆雅言也。

【注釋】

1 雅言：正式的語言，猶今之國語也，這裡被用做動詞。雅，正也、常也。

2 執禮：行禮。執，執行。

【語譯】

孔子平日用雅言的是，誦《詩》，讀《書》，與執行禮節，都用雅言。

【講析】

言有方言、雅言之分。方言為地方語言，用在日常生活，雅言是較正式的語言，用在較正式而公開的場合。孔子為魯人，平居說魯語，鄉音姁姁，可以與鄉里民眾打成一片，但書本上或禮儀上用的，多數是雅言，所以在從事學術或政治活動上，就須用到雅言了。採用何種語言，全因需要，並無硬性規定。

7.18 葉公問孔子於子路，子路不對。子曰：「女奚不曰，其為人也，發憤忘食，樂以忘憂，不知老之將至云爾。」

【注釋】

1葉（ㄕㄜˋ）公：楚葉縣尹沈諸梁，字子高，僭稱公。
2不對：沒有回答。
3女奚不曰：你何不說。奚，何也。
4云爾：如此罷了。

【語譯】

葉公問子路孔子究竟如何，子路沒回答。孔子知道後說：「你為什麼不告訴他說，孔子這個人啊，他發憤起來會忘了飲食，快樂起來會忘了憂愁，是個連自己將老了也不知道的人呀。」

【講析】

此章含意，在本篇7.13說過。孔子終身好學，所以知識廣被，廣大的知識，讓他看見世界的真相，不值得為無謂的小事煩惱；孔子又有很高的藝術涵養，藝術涵養讓他超拔苦難，可以在生活中到處找得到樂源。他心中當然有更高的理想，他也知道這理想實施起來困難重重，但退一步想，能發現這個理想，便是獲得一生最大的寶藏，死而無憾的了（朝聞道，夕死可矣）。

此章最緊要一字是「忘」。發憤「忘」食，樂以「忘」憂，都有一忘字，不知老之將至，其實就是「忘年」，也暗藏了忘字在。「忘」並不是消極的忘卻，而是更有勵志性的超越，也就是人在更大的喜悅之下，不會再計較那些令人煩惱的小事了，吃什麼、喝什麼是小事，憂愁也是小事，就連逼迫我不得不就範的年歲也是小事，這樣說來，對孔子而言，什麼才是真正的「大事」呢？就值得讀者想像了。

7.19

子曰：「我非生而知之者，好古，敏以求之者也。」

【注釋】

1 生而知之：不待學而知之。

2 敏：勤勉迅速。

【語譯】

老師說：「我不是個天生就知一切的人呀，我的知識，是喜好學習古代，又勤勉追求得來的呢。」

【講析】

孔子屢言好學。好學須從實學入手，好古，敏以求之是不蹈空。

7.20

子不語怪、力、亂、神。

【注釋】

1 怪：怪異。
2 力：勇力。
3 亂：悖亂。
4 神：鬼神之事。

【語譯】

孔子不講有關怪異、勇力、悖亂與鬼神的事。

【講析】

怪、力、亂在於此三者非理之正，故孔子不語。鬼神雖不見得不正，但並非一般推理可明，更非常理可窮者，一言及，容易蹈空，故孔子也不輕易語人。

7.21

子曰：「三人行，必有我師焉。擇其善者而從之，其不善者而改之。」

【注釋】

1三人行：三人同行。朱子以為「其一我也，彼二人者，一善一惡，則我從其善而改其惡焉，是二人皆我師也。」另一說，「三人」不見得其一為我，指任何三人，三人同行，其中如無勝我者，當必有不如我者，兩者皆可為我師。二說皆可。

【語譯】

老師說：「三人同行，必定有我老師在。好的可供我學習，壞的可供我改正。」

【講析】

尹焞說：「見賢思齊，見不賢而內自省，則善惡皆我之師，進善其有窮乎？」說得都不錯，但文中「三人行」，也不見得如朱子硬要解釋作其一為我，另一善一惡，古人舉三，常表多數，意指在任何人群中，都可能有善有惡，都存有值得我取法或改過取鏡的地方。

7.22

子曰：「天生德於予，桓魋其如予何？」

【注釋】

1 **天生德於予**：上天生下我，給了我的這種特質。德，指的是德性，即人的本質特性，包括了先天的天性與後天培養出的特質。

2 **桓魋**（ㄊㄨㄟˊ）：宋司馬向魋，出於桓公，又稱桓氏。《史記・孔子世家》：「孔子去曹適宋，與弟子習禮大樹下。宋司馬桓魋欲殺孔子，拔其樹。孔子去。弟子曰：『可以速矣。』孔子曰：『天生德於予，桓魋其如予何？』」桓魋視孔子為仇，必去之後快。

【語譯】

老師說：「天生此德給了我，像桓魋這樣的人，能把我怎樣呢？」

【講析】

孔子於宋遭難，幾有殺身之禍，孔子原想離開，而弟子急呼「可以速矣」，意指應該更快離開宋國，但孔子又想到，認為自己在教弟子習禮，是正當的事，做正當的事有天護佑，像桓魋是奈何不了我的。這牽涉到「天道」的解釋問題。孔子說「五十而知天命」，在孔子而言大自然的秩序便是「天」，也就是如近代所說，天是一個更大卻並無神性的秩序，即使有神性，孔子也說「知」道有它，卻並不「信」它，更不崇拜它。此章孔子說的天好像有意志的，能對善人護佑，便能對惡人施罰，意義比較接近宗教所言的天了。孔子的解釋究竟是否如此，不能確定，但孔子（或儒家）之「天」即使有宗教的色彩，也總是與「人」相應的，所謂「天視自我民視、天聽自我民聽」（《書・周書・泰誓中》），也就是說，天道是人道的集合，在人間不允許作惡猖狂，那麼從天道而言，推想也該如此，故孔子有斯言。

7.23

子曰：「二三子以我為隱乎？吾無隱乎爾。吾無行而不與二三子者，是丘也。」

【注釋】

1二三子：即諸位，當時習語，指諸弟子。
2隱乎爾：在你們面前有所隱匿。爾，你們。
3行：行事。

【語譯】

老師說：「各位以為我在你們面前有什麼隱藏嗎？我沒有隱藏呀。我的所有行為都是你們親見的，這就是我呀。」

【講析】

孔子學博道深，學者難企，便以為有隱。再加上孔子說過：「中人以下，不可以語上也」（《雍也》篇6.19），更相信孔子與學生講習時有所保留。此章孔子表明無隱，呂大臨說：「聖人體道無隱，如天象昭然，莫非至教。常以示人，而人自不察。」舉天象以喻，十分正確。「不可語上」，也類此說，其實天道無私，而常人不察罷了。

7.24

子以四教：文，行，忠，信。

【注釋】

1 文：指《詩》《書》《禮》《樂》等先代之遺文。

2 行：德行，實踐。如是實踐，是包括道德與學問的實踐的。

3 忠：發自真心，即忠誠。

4 信：真實不欺。

【語譯】

孔子以四項教人：一是典籍文章，二是道德與學問的實踐，三與四是個人的忠信與誠實。

【講析】

此章明白通曉，須與其他言教習者同讀，以知孔子設教之意旨。

7.25

子曰：「聖人，吾不得而見之矣；得見君子者，斯可矣。」

子曰：「善人，吾不得而見之矣；得見有恆者，斯可矣。亡而為有，虛而為盈，約而為泰，難乎有恆矣。」

【注釋】

1聖人：人格成就最高的人。在孔子之前，聖人的觀念多與歷代聖君相附會，成了極高的品德與權力（居高位）結合的一種人，而君權古人認為是「天」所授，便又帶有一些「天」的不可測，總之孔子之前的聖人，往往會有些神祕的色彩，故朱子言：「聖人，神明不測之號。」

2君子：原指站高位的領導，後指才德均善之人。

3亡而為有：把無當成有。亡，同無。

4約而為泰：把少的當成多的。約，少也。泰，同太，多也。

【語譯】

老師說：「聖人，我見不到了；能見君子，也算可以了。」又說：「善人我是看不到了；能看到有恆的人，也可以了。世上的人，總把沒有當成有，把虛的當成滿的，把少的當成多的，這樣子，難怪有恆的人也難以見著了。」

【講析】

此章有兩子曰，有疑為二章，也有以為後子曰為衍文。也許是兩段可以互相解釋的文字，記者將之放在一處。

本文牽涉四個名詞的界定，即聖人、君子、善人與有恆者。當然在地位上，聖人勝過君子，善人勝過有恆者，從文句比較中看得出來。聖人由於太過崇高，又牽涉到某些神祕色彩，孔子嘆息見不到是很正常的事，但君子與善人都見不到，甚至於連有恆者都見不到或難以見到，就有些牽強了。

孔子曾言：「十室之邑，必有忠信如丘者焉，不如丘之好學也」（《公治長》篇 5.27）忠信也者，難道不能算君子或善人嗎？

所以此章不能從這個角度來解釋。孔子看到當時社會許多敗象，如「亡而為有，虛而為盈，約而為泰」，因十分感慨而發出了上述情緒式的感嘆語言，情緒語言用來傳達意念，是不可以完全用邏輯的法則去深究的。

但本章所示的情緒語言是寶貴的，憂國憂民，其實是一種情緒，救國救民是一種策略、一種方法，採取行為之前，必須先有那種情緒，卻也不是只任情緒迸發，發了情緒之後，什麼都沒有、什麼都不做的那一種。所以有些情緒是很高貴的，而孔子當時所有的，就是這一種。

7.26

子釣而不綱，弋不射宿。

【注釋】

1 釣：一線一鉤釣魚，即垂釣。

2 綱：網之大繩，喻以網網魚。朱注：「大繩屬網，絕流而漁者也。」

3 弋：以生絲繫矢而射，射中可取回。

4 宿：在巢之鳥。

【語譯】

孔子垂釣，但不用大網網魚，也射鳥，但不射在巢中的鳥。

【講析】

孔子去古未遠，當時社會，尚保留不少漁獵時代餘習，捕魚逐獸，是生活中的重要部分。但孔子在漁獵之中，也顯示仁道，對生靈不做過度的殺害。此章所述，啟發了孟子所謂：「數罟不入洿池，魚鱉不可勝食也；斧斤以時入山林，材木不可勝用也」（《孟子・梁惠王上》）的思想，也深合現代環保原則。

7.27

子曰：「蓋有不知而作之者，我無是也。多聞，擇其善者而從之，多見而識之，知之次也。」

【注釋】

1 **不知而作**：不知其理而妄作。孔子言其「述而不作」，故此作不指創作，應指作為。

2 **多見而識之**：增多見識而記得。識讀如志，記也。

3 **知之次也**：孔子曾說：「生而知之者，上也；學而知之者，次也；困而學之，又其次也；困而不學，民斯為下矣。」（《季氏》篇 16.9）

【語譯】

老師說：「恐怕是有人不知而妄作的吧，我不是這樣子的。多聽人家說的，選擇好的來作，也多看，將好的都記下來，我要算知的話，只是學習下來的知，是次一等的知吧。」

【講析】

此章孔子說自己的知是次等的知，當然有自謙的成分，但也不能全從自謙來看，因為孔子曾在本篇 7.19 章說過「我非生而知之者，好古，敏以求之者也。」「生而知之」雖然是「上」知，但天才非人力可至，也不好把握（失常的機會很大），所以孔子從不嘉許天才，只勉人如己的好古敏求，作所謂「次等」的知了，因為好古敏求的知是能把握，而且有進階且可期的。

7.28

互鄉難與言，童子見，門人惑。子曰：「與其進也，不與其退也，唯何甚！人潔己以進，與其潔也，不保其往也。」

【注釋】

1 **互鄉**：鄉名。何處不可考。

2 **難與言**：朱注：「其人習於不善，難與言善。」

3 **童子見**：童子得孔子接見。人未成年稱童子。

4 **與其進**：贊許他進步。與，贊許、讚賞。

5 **唯何甚**：唯，發語詞，何甚，何必如此過分。

6 **不保其往**：不擔保他以往的過惡。朱子曰：「但許其能自潔耳，固不能保其前日所為之善惡也。」

【語譯】

互鄉之地的人，多習不善，難以言語，該地的一個童子竟蒙老師接見，弟子十分疑惑。老師說：「我是贊許他進步，而非贊許他退步，唉，你們的反應也太過分了吧。一個人把自己弄乾淨了來見你，應該讚賞他現在的乾淨，不是要你擔保他以前是否犯了錯呀。」

【講析】

有些錯是習染所造成，責任不在個人，對曾犯錯的人，應嘉許他知錯能改的上進心，而且他因為犯了錯，更須接受教育。「與其進也，不與其退也」，可見孔子的「有教無類」的偉大。

7.29

子曰：「仁遠乎哉？我欲仁，斯仁至矣。」

【語譯】

老師說：「仁這道理，離我遠嗎？我一想到仁，仁就到眼前了呀。」

【講析】

從一個角度言，要到達仁的境地很難，但從另一角度言，要到達仁的境地也很容易，因為仁道出於人心，反求諸己就可得。這源於自知，也有自許的豪氣，真正儒門人物，都應有此豪氣，如此對己則能負責，對人對世則有擔當，絕非以作一區區的自了漢為滿足。

如將此文中的「仁」字替換成「堯舜」試試，便成為「堯舜遠乎哉？我欲堯舜，斯堯舜至矣」，就接近孟子「人皆可以為堯舜」的說法了。王夫之把此章之意發揮得淋漓盡致，他說：「道不在法象之高深，理不在聖賢之論說。有其心即有此一真無妄之則，有其心即有此廣生大生之幾。夫仁也而遠乎哉？以故見吾心之不可違於自安也，見吾心之不可損其所有也，見吾心之不可增其所無也。於是而欲仁焉，則見欲之不可拘，而寧靜之體自存也；見私之不可錮，而公道之量自顯也；見中心之有其必盡者，而順事恕施之用自行也；見此理之不可遏者，而含弘篤愛之情自生也。仁之至也，無留也，無待也。何也？仁原不遠也，求仁者尚念之哉！」析理甚細，告誡至誠，讀者於此可玩味再三。

7.30

陳司敗問昭公知禮乎？孔子曰：「知禮。」孔子退，揖巫馬期而進之，曰：「吾聞君子不黨，君子亦黨乎？君取於吳，為同姓，謂之吳孟子。君而知禮，孰不知禮？」巫馬期以告。子曰：「丘也幸，苟有過，人必知之。」

【注釋】

1 **陳司敗**：陳國的官名，即一般國的司寇。

2 **昭公**：魯昭公。

3 **巫馬期**：字子期，孔子弟子。

4 **黨**：偏私也。

5 **君取於吳，為同姓，謂之吳孟子**：昭公嘗娶吳女，魯、吳皆姬姓，故為同姓。禮：同姓不婚。昭公諱之，稱曰孟子，但世人皆知，稱之吳孟子。

6 **以告**：以上事告訴。

【語譯】

陳國的司寇問孔子說：「你們魯國的昭公知禮嗎？」孔子說：「知禮。」孔子走了後，司寇向孔子弟子巫馬期作揖，請他前來說：「我聽說君子不會偏私的，君子會嗎？當年魯昭公娶了吳國的同姓女，就是當時人稱之為吳孟子的。假如昭公知禮的話，那還有誰不知禮的呢？」巫馬期把這事告訴了孔子，孔子說：「我是多麼幸運呀，假如有了過錯，別人都會知道呢。」

【講析】

史載魯昭公習於威儀之節，當時以為知禮。孔子不知陳司敗所問的目的居心，便答以昭公知禮，並不知司敗所問為另一事，所以前面的回答，其實是一個誤會。但孔子心胸廣大，不以司敗所疑為忤，卻說：「丘也幸，苟有過，人必知之。」極見風度。

平心而論，陳司敗此問相當莽撞不得體，明知孔子為魯人，魯君有過，也不應在孔子面前張揚，況魯昭公的歷史定位，也並不在其娶了同姓女一事上，以小事便斷定昭公無禮，其實只彰顯了自己的無知。

7.31

子與人歌而善，必使反之，而後和之。

【注釋】

1與（ㄩˋ）：讚賞。

2反之：反覆再歌。

3和（ㄏㄜˋ）：和聲而歌。和，《說文》曰：「相應也。」

【語譯】

孔子讚賞有人善於唱歌，聽到了一定請他再唱一次，自己也跟在一旁和聲而唱。

【講析】

孔子喜愛音樂，此章描寫愛樂者的習慣極入神。朱子言：「此見聖人氣象從容，誠意懇至，而其謙遜審密，不掩人善又如此。蓋一事之微，而眾善之集，有不可勝既者焉，讀者宜詳味之。」一說得不錯，但把此章主旨說成是孔子不掩人善，也有點不切實際，我認為主要在寫孔子喜樂，已將音樂融於生活之中，此章所言歌者為尋常人，唱歌為尋常事，孔子言行都極為自然，又從容不迫，不是刻意顯示嘉許人的品德。

7.32

子曰：「文，莫吾猶人也。躬行君子，則吾未之有得。」

【注釋】

1 莫：莫非是。

2 躬行：身體力行。

【語譯】

老師說：「一般文學典故的知識，我或許趕得上人家，至於躬行實踐君子之道，我到現在還未有所得呢。」

【講析】

此章兩句，朱子認為皆孔子自謙之辭，錢穆懷疑孔子絕不該如此自謙，因採他說。以為首句應斷為「文莫，吾猶人也」，文莫乃忞慔二字之假借，忞慔，指黽勉，指孔子謂與一般人之知努力，但躬行君子上仍有所未及，此說或可存，但語譯仍採舊說。

7.33

子曰：「若聖與仁，則吾豈敢？抑為之不厭，誨人不倦，則可謂云爾已矣。」公西華曰：「正唯弟子不能學也。」

【注釋】

1為之不厭：努力做為，不知厭倦。

2可謂云爾已矣：這些事可說已做到了吧。云爾，指以上之事。已，已至。

3正唯：正是。

【語譯】

老師說：「若說到聖與仁，我豈敢說做到了呢？假如說到為之不厭，誨人不倦，就大約可說是做到了吧。」公西華說：「這正是我們弟子做不到的啊。」

【講析】

孔子在世時，已有被人視為聖與仁者了，由此章可證。此章孔子說話也很謙虛，但與上章比較，謙虛的程度不是那麼強烈，但兩章所言，都是實話。《論語》所記，往往只記要點，對孔門弟子而言，夫子的話最為重要，而其他的紀錄，譬如言語的環境與所對的人物，往往沒有詳細記載。上兩章如放在一起，表面上看有些矛盾的，如前章孔子說自己「躬行君子，則吾未之有得」，而此章卻說「為之不厭，誨人不倦，則可謂云爾已矣」，請問「為之不厭，誨人不倦」豈非「躬行君子」嗎？

此章說已至，上章云未得，以邏輯相責，當然是有問題的。

這是因為所答對象之不同，與言談環境差異之所致。常見同一件事，拿來與兩件事做比較，一超過，一不及，此處的謙與過謙，或應用此方式解答。

7.34

子疾病，子路請禱。子曰：「有諸？」子路對曰：「有之。誄曰：『禱爾於上下神祇。』」子曰：「丘之禱久矣。」

【注釋】

1 請禱：請求祈禱。

2 有諸：有此事嗎？諸：之於，此也。

3 誄（ㄌㄟˊ）：一說應作讄。《說文》：「讄，禱也。累功德以祈福。」讄，為生人祈福，誄，用於死者，哀其死，誄以諡之。

4 禱爾於上下神祇（ㄑㄧˊ）：為你向天地神明祈禱。爾，汝也。上下，天地也。

【語譯】

老師得重病，子路代為祈禱。老師問：「有這事嗎？」子路禮貌回答說：「有的。以前讄文上有這樣的句子：『替你禱告於天地神明。』」老師說：「我自己已禱告很久了呀。」

【講析】

古代有許多除病安身的儀式，向神明祈禱是其中之一。子路見夫子生病，為老師祈禱，這是很自然的事。孔子說：「丘禱之久矣」，並非指孔子也從俗，而是說祈禱不見得有用，有病不如採用更積極的方法醫治，萬一命盡，也是自然。孔子曾說過：「獲罪於天，無所禱也。」（《八佾》篇3.13）也是同樣意思。但此處他並未直斥鬼神之非，畢竟子路為之代禱，完全出於好意。

7.35

子曰：「奢則不孫，儉則固。與其不孫也，寧固。」

【注釋】

1 奢則不孫：奢侈就不夠謙遜。孫，即遜。

2 儉則固：節省則固陋。以上二者，皆指禮而言。

【語譯】

老師說：「奢侈就不夠謙遜，節儉則顯得簡陋。與其不謙遜，還不如簡陋一點呢。」

【講析】

此章是針對禮節儀式而言。禮節儀式，過奢過簡都不好，但過於繁複奢華，反而失去設禮的含意，倒不如儉省一點的禮節，還有設禮之初的真誠在內，所以朱子說：「奢儉俱失中，而奢之害大。」

7.36 子曰：「君子坦蕩蕩，小人長戚戚。」

【注釋】

1坦蕩蕩：平坦舒泰貌。

2戚戚：戚同慼，憂傷貌。

【語譯】

老師說：「君子日常總是一副坦蕩舒暢的樣子，而小人則總是一副憂愁悲傷的樣子。」

【講析】

君子俯仰無愧，其心坦然，小人多欲有私，得之不足，失之神傷，故面多憂戚之色。

7.37 子溫而厲，威而不猛，恭而安。

【注釋】

1溫而厲：溫和之中帶著嚴肅。厲，嚴肅。
2猛：猛烈粗暴。
3恭而安：恭敬端凝帶著安定的神色。

【語譯】

孔子溫和而嚴肅，有威儀卻不猛暴，恭敬之中又帶著安定的神色。

【講析】

此章是弟子或時人對孔子神情的描述。請注意其中用了六個兩兩相反的形容詞，即：溫／厲，威／不猛，恭／安。一般而言，態度隨和的人往往不夠莊重，有威儀的人往往令人覺得強猛，恭謹的人因太過小心而常讓人不安，想不到孔子把這些相反的特質都融合在一起，卻不讓人覺得衝突矛盾，所謂中庸之德，斯之謂乎？

朱子說：「人之德性本無不備，而氣質所賦，鮮有不偏，惟聖人全體渾然，陰陽合德，故其中和之氣見於容貌之間者如此。門人熟察而詳記之，亦可見用心之密矣。抑非知足以知聖人而善言德行者不能也，故程子（程頤）以為曾子之言。學者所宜反覆而玩心也。」

泰伯第八

泰伯篇：共二十一章。

8.1

子曰：「泰伯，其可謂至德也已矣！三以天下讓，民無得而稱焉。」

【注釋】

1 **泰伯**：周太王（也作周大王，《史記》稱古公）生三子，長子泰伯（也作太伯），次子仲雍，三子季歷。季歷有賢德，太王意立之，會太王疾，泰伯奔吳，仲雍隨之逃亡，遂立季歷為君。季歷生子昌，是為文王，昌生子發，是為武王，後滅商。

2 **三以天下讓**：武王伐商，得天下。一說泰伯讓給季歷，才使文王、武王終得天下，故稱「三讓」，此說如成立，則胡不算到成王而為「四讓」乎？故三讓天下為概稱，古人三字有實有虛，此處當作再三謙讓之意。

3 **民無得而稱焉**：人民無從稱道泰伯。因為泰伯不與人見，亦不欲人知。《史記．周本紀》：「乃二人（指泰伯、仲雍）亡如荊蠻，文身斷髮」，可見他有意與中土人群隔離，人民因而無由稱道他了。

【語譯】

老師說：「泰伯可稱為至德了罷！他再三把天下讓人，卻讓人民無法可稱道他。」

【講析】

朱子言：「夫以泰伯之德，當商周之際，固足以朝諸侯有天下矣，乃棄不取而又泯其跡焉，則其德之至極為何如哉！」這是說孔子讚美的是泰伯的讓德。但這種謙德，也有危險的，泰伯以為其弟季歷較他為賢，才將位子讓給他，但誰也不能保證季歷的兒子、孫子會更賢過乃祖，文王、武王之功，至少在泰伯一代是看不出來的，所以這種謙讓，也冒有很大的風險，萬一季歷的子孫不肖，這謙讓的功勞豈不白費了嗎？

朱子又言道：「大王之時，商道寖衰，而周日強大。季歷又生子昌，有聖德。大王因有翦商之志，而泰伯不從，大王遂欲傳位季歷以及昌，泰伯知之，即與仲雍逃之荊蠻。」可見泰伯之逃逸，也有與父太王「政見」不合的成分。則泰伯之讓國，恐怕不全是謙讓之含意，其行為與後來的伯夷、叔齊不贊成伐紂，對武王的「叩馬而諫」，最後「義不食周粟，隱於首陽山」的事蹟（見《史記・伯夷列傳》）似有異曲同功之效。孔子稱道泰伯，也稱道伯夷、叔齊，而且用字極為強烈（稱泰伯為「至德」，稱伯夷、叔齊為「求仁得仁」），用意是否在此，也值得留意。

8.2

子曰：「恭而無禮則勞，慎而無禮則葸，勇而無禮則亂，直而無禮則絞。君子篤於親，則民興於仁；故舊不遺，則民不偷。」

【注釋】

1 葸（ㄒㄧˇ）：畏懼。
2 絞：急切。
3 篤於親：厚待其親長。篤，厚也。
4 故舊不遺：不遺忘以前所交的朋友。遺，忘棄。
5 偷：偷薄。

【語譯】

老師說：「恭敬沒有禮來節制就會勞苦，謹慎沒有禮來節制就會畏懼，勇敢沒有禮來節制就會亂事，正直沒有禮來節制就會急切。一個在位的君子會厚待自己的親長，則人民也會興起行仁之心；如果對以前的老友會不棄不忘，則人民就不會做偷薄的事了。」

【講析】

此章上半段在說明禮的重要。禮，理也，禮指做一切合理的事，恭、慎、勇、直都是正面的，但也要合理合度，不及當然不足，過度也會引出弊病。下半段則說明上位者對社會風俗的影響，這與「風行草偃」的說法相呼應。

有說以為前後應是兩章。吳棫曰：「君子以下，當自為一章，乃曾子之言也。」朱子也說：「此一節與上文不相蒙，而與首篇慎終追遠之意相類，吳說近是。」但一人在同時說了兩件不同的事，也非絕不可能。

8.3

曾子有疾，召門弟子曰：「啟予足！啟予手！《詩》云：『戰戰兢兢，如臨深淵，如履薄冰。』而今而後，吾知免夫！小子！」

【注釋】

1 **啟予足，啟予手**：打開衾被，看我足與手。啟，開啟。曾子病危，無力己視。
2 **《詩》**：指《詩・小雅・小旻》詩句。
3 **戰戰兢兢**：即顫抖，恐嚇、謹慎貌。
4 **而今而後**：指死後。
5 **免**：免於刑戮。刑戮必至身體毀傷。子曰「君子懷刑，小人懷惠。（《里仁》篇 4.11）也可作免於恐懼，指對身體萬一毀傷的恐懼。其實二者是相通的。
6 **小子**：稱弟子。朱子曰：「語畢而又呼之，以致反復丁寧之意，其警之也深矣。」

【語譯】

曾子病危，召見他弟子前來，說：「打開衾被看看我的腳吧，看看我的手吧，《詩》上說：『我恐嚇又謹慎的，就像臨淵恐墜，就像履冰恐陷的樣子。』大約死了之後，我才會免於有這些毀傷的驚恐吧，各位呀！」

【講析】

孔子曾批評曾子曰：「參也魯」（《先進》篇11.17），朱注：「魯，鈍也。」可見曾子一生戒懼，擔心遭到刑戮之辱，有礙德譽，恐怕也是「魯」的一部分。尹焞說：「父母全而生之，子全而歸之。」似言曾子臨終擔心是否「全歸」的問題，當然《孝經》有「身體髮膚，受之父母，不敢毀傷」之言，保全好身體，是盡孝的基礎，因為「父母唯其疾之憂」，但過於把不毀傷身體放在孝上立言，也讓孝道思想變得稍為狹隘了。此章顯示曾子性格，相當傳神，但主旨可以言孝，也可以不止於言孝。

8.4

曾子有疾，孟敬子問之。曾子言曰：「鳥之將死，其鳴也哀；人之將死，其言也善。君子所貴乎道者三：動容貌，斯遠暴慢矣；正顏色，斯近信矣；出辭氣，斯遠鄙倍矣。籩豆之事，則有司存。」

【注釋】

1孟敬子問之：魯大夫仲孫捷，問，問病、探病。

2言：朱注：「言，自言也。」孟敬之問病，曾子之言應對問病者所發。逕作曾子曰即可，加一言字，似強調曾子不說己病，只告以君子修身之要，記者強調曾子臨終之言，故特加一言字。

3人之將死，其言也善：將死的人，所言都是出於善意，即使為惡人，也無暇作惡了。

4君子所貴者三：君子要重視的有三事。君子指有位者言。

5動容貌，斯遠暴慢矣：注意自己的動作容貌，就會遠離別人的急躁怠慢。暴，急躁也。

6正顏色，斯近信矣：以正色待人，人則對我信任。正顏色，即端正顏色，端正顏色易啟人信。

7出辭氣，斯遠鄙倍矣：言語講究辭令與語氣，人則待我以禮，不會發出鄙俗背亂之言。鄙，粗俗，倍，背棄、背叛。

8籩豆之事：祭祀禮節之事。籩豆，盛祭品的禮器。籩，竹製。豆，木製。

9有司存：有主管官員管理。有司，專司官員。

【語譯】

曾子重病，孟敬子來探視。曾子說道：「鳥將死時，所鳴哀戚，人將死時，所言善良。有為的君子，應該要注意三件事：要注意自己的動作、容貌，這樣別人便不會以暴慢對我；要注意自己隨時端正顏色，別人就會對我有信任感；自己說話要注意用詞與語氣，別人就不會對我說不禮貌或背亂的話了。至於像籩豆祭祀的小事，是有主管的官員會管的，就不須你過於費心了。」

【講析】

曾子臨終叮嚀來問病的孟敬子，從政者應注意自己的態度，從容貌、態度到言語的方式，都要端己篤敬，所謂修辭立其誠，儒家的政治學，其實是將修己之學發揮到極致。籩豆的事是禮的一部分，對儒家而言，當然重要，但與安身立命的修己及人之學比較，反而成了小事了。還是人性更為重要些，曾子於此，似掌握了儒學的某些根本，但臨死叮囑，都在比較細節的問題打轉，如只以此章判斷，曾子之學不免稍瑣碎了些。

8.5

曾子曰：「以能問於不能，以多問於寡；有若無，實若虛，犯而不校，昔者吾友嘗從事於斯矣。」

【注釋】

1 犯而不校：別人冒犯我，我不計較。校，同較，計較也。

2 吾友：我的朋友。一說指顏淵。

【語譯】

曾子說：「自己有能卻去問不能的人，自己知道的多，卻去問知道的少的人；這樣一個把有的當成沒有、把實的當成虛的，別人冒犯他，他也不去計較的人，以前我有朋友曾在這上面用過工夫的。」

【講析】

一種說法認為「吾友」可能指顏淵。但曾子與顏淵都是孔子弟子，顏淵大曾子十六歲，在孔門的輩分還是有別的，嚴格說來，顏稱曾為「吾友」可以，而曾稱顏則有些不宜，所以此處說的「吾友」如是指其他人，可能性高些，何況言中所說的「以能問不能」、「犯而不校」也很一般，不見得非必是顏淵所獨有。但都不論所指何人，對曾子而言，均表示謙虛，但都是過去的事了，曾子為孔子最幼的學生輩人，曾子晚年，孔門第一代弟子皆凋零殆盡，其餘則多星散，盛況早已不再，此章曾子之言，似有追憶似水年華之嘆。

8.6

曾子曰：「可以托六尺之孤，可以寄百里之命，臨大節而不可奪也。君子人與？君子人也。」

【注釋】

1 **托六尺之孤**：古以「七尺之軀」稱成年，六尺，喻未成年。孤，父死曰孤。托孤，通常指照顧未成年的幼君。

2 **寄百里之命**：將百里大國的命運寄託於他，指攝大國之政。百里，方百里，指大國。

3 臨大節而不可奪：遇到大關節考驗，而志不可奪。

4 君子人：即君子。

【語譯】

曾子說：「已死的國君可以將未成年的幼君寄他照顧，可以把百里之國的政權交給他治理，碰到大考驗，他也不會奪志動搖。這樣的人能算君子了嗎？這樣的人真是君子呢。」

【講析】

此章講在政治上有所作為的君子，應有擔當也應有操守，重點在第三句：「臨大節而不可奪也」。君子為何臨大節而不奪？因為他的志是道義所出，曾子說的「不可奪」，其實就是孟子所「不餒」，孟子說：「其為氣也，配義與道，無是，餒也。是集義所生者，非義襲而取之也。行有不慊於心，則餒矣。」（《孟子・公孫丑上》），這一點看出，曾子此語實開啟了孟子的浩大意志。「臨大節而不可奪也」之語，又有一種雄健奇偉的氣勢，也與孟子前後呼應。康有為說過：「昔嘗編《論語》孔門諸子學案，曾子之言皆守身謹約之說，惟此章最有力，真孔子之學也。」

讀到此章，讀者對曾子的判斷應該有所調整吧。

8.7

曾子曰：「士不可以不弘毅，任重而道遠。仁以為己任，不亦重乎？死而後已，不亦遠乎？」

【注釋】

1 士：這裡指有知識的人，參見《里仁》篇 4.9 講析。

2 弘毅：弘，寬廣也。毅，強忍也，強而有堅持力。

3 仁以為己任：以行仁為己任。

【語譯】

曾子說：「一個讀書人，不可不有廣大的胸襟與堅強的意志，因為他的責任重，道路又悠遠的緣故。以行仁為己任，他的責任不是很重嗎？要做到死了才不得不止，他的道路不是很悠遠嗎？」

【講析】

連續五章都記曾子之言。前兩章記曾子將死，對弟子與探病者作諄諄之言，言詞愷切，真誠動人。其後緬懷孔門當年盛況，佳景不再，又令人不勝唏噓。最後兩章，一言君子，一言士的志向與抱負，以任重道遠相勉，人讀於此，心中波瀾已起，不感動便很難了。曾子志高而情切，錢穆言曾子之學，說：「心彌小而德彌恢，行彌謹而守彌固。以臨深履薄為基，以仁為己任為量。曾子之學，大體如是。」所言極是。後兩章所言，就不只是臨淵履薄了，有大氣象在其中，可以說直逼後起的孟子，可見曾子之學，不僅在守成，也有開啟之功，是儒學之意氣與血脈之所在，尤須注意。

8.8

子曰：「興於詩，立於禮。成於樂。」

【注釋】

1興：起頭。

2立：樹立。

3成：完成。

【語譯】

老師說：「興起於詩，立身於禮，完成於樂。」

【講析】

這是極重要的三句話。

興指起頭，立指樹立，是人站立於世的條件，成是指完成。這三句話可以指人格的樹立與完成。為什麼要興於詩呢？這裡的詩不是專指一本書如《詩經》，或一首特定的詩。詩是一種不排斥性情，甚至以性情為要件的文學，此處的詩就是指性情而言。人有靜躁不同，起步自異，但靜躁各有美處，善於觸發，便可有好的開始，這是孔子講興於詩的理由，首先談到興於詩，是強調人格性情的主體性。續談立於禮，禮即理。禮與詩比較，一個講理性，一個講情感，一個比較客觀，一個比較主觀，好的情感可啟人向上，但人的立身，不能全依靠情感，這是一個有秩序的理性世界，理性世界是由「理」撐持起來的，因此說立於禮。

興於詩、立於禮，人既不喪失個性，又能與人群合作，人的基本條件已經有了，但孔子以為，距離理想人生命的完成還差了一步，所以捻出「成於樂」的這個觀念。所謂樂，不是專指哪一種音樂，而是指好的音樂所達的和善優美境界，簡單說就是美化或藝術化。在孔子言，道德不是禁制，更不是他律，而是個人人格的完成，道德是發自人性的美善，其目的也就是美善，與音樂所達目的相仿，所以以音樂為喻。

音樂是藝術，孔子認為道德的最高成就，便是達到與藝術接合美善兼具的境界，他曾說「不義而富且貴，於我如浮雲」（《述而》篇 7.15），孔子在面對真理時，並不高亢，更不義憤填膺，因為他想到，我認為的「不義」，在別人身上也許不是，可見孔子不獨斷，時時為別人設想，他舉浮雲為況，讓所說的道德不只不僵化，而是具有了美感，這種境界，這就是藝術化了的「成於樂」的境界，讀者於此，應深體會。

8.9

子曰：「民可使由之，不可使知之。」

【注釋】

1 由之：被動依循。

【語譯】

老師說：「一般百姓只能讓他照著政令去做，是不能讓人民都明白施政的理由的。」

【講析】

此章常被現代人懷疑孔子不民主，其實「民主」此名詞是近代人發明，孔子時代並無此觀念。古時知識不發達，教育不普及，資訊也缺乏，要讓人民知道施政上的種種理由，確實是難事，這與「中人以下，不可以語上」是同樣的道理，孟子也說：「行之而不著焉，習焉而不察焉，終身由之而不知其道者眾也。」（《孟子・盡心上》）可見在「民智」未開的時代，那是不得已的狀況。民初有學者建議此章採用新標點，即：「民可，使由之；不可，使知之。」意即人民贊同即使民由之，不贊同，便使民知之。立意甚佳，然絕非孔子之原意。

8.10

子曰：「好勇疾貧，亂也。人而不仁，疾之已甚，亂也。」

【注釋】

1 **疾貧**：厭惡貧窮。疾，惡也。

2 **人而不仁**：人如不知行仁，即不仁之人。

3 **已甚**：過甚。

【語譯】

老師說：「人民好勇惡貧，易於作亂。但對不仁之人厭惡過甚，也會形成亂事的。」

【講析】

此章與上章同是言治道。「有勇知方」是美德，但好勇而不安分，則也可能作亂。孔子也說過：「我未見好仁者，惡不仁者。好仁者，無以尚之；惡不仁者，其為仁也，不使不仁者加乎其身。」（《里仁》篇 4.6）可見疾惡不仁，也是君子的表現。但此章所說，是另一場景，居上者應善體人情，導之以漸，有時稍一偏激，惡不仁過甚，使對方一無所容，也易生亂。處處應為對方設想，這是孔子的寬博與同情，主持政治，必須照顧到全體。

8.11

子曰：「如有周公之才之美，使驕且吝，其餘不足觀也已。」

【注釋】

1 周公之才之美：周公才美兼具。

2 驕：矜誇，即高傲。

3 吝：鄙嗇，即慳吝。

【語譯】

老師說：「一個人就是如周公一樣的有才與美，假使他高傲又慳吝，剩下的才與美，就不足觀了。」

【講析】

周公之才是識人，之美是謙虛，傳言周公「一沐三握髮，一飯三吐哺，猶恐失天下之士」，（《史記・魯周公世家》）是極謙恭的表現。高傲的人往往恃才傲人，慳吝者往往不肯分人以惠，兩者都極端自私，即使如周公之才美，如只用心在自私方面，則一切皆不足觀矣。

8.12

子曰：「三年學，不至於穀，不易得也。」

【注釋】

1 三年學：求學三年。三不見得是實數，三年可指多年。

2 穀：求官得俸祿。穀，祿也，古人以穀計祿。

【語譯】

老師說：「一個人求學三年了，卻一直沒想到求祿做官的事，這真是不易得的啊。」

【講析】

孔子之前，讀書的目的在做官取祿，孔子之後，逐漸有了變化，讀書在明理，而明理的目的，不全放在做官上面了。知識分子對自己有更高的期許，就是如曾子說的「仁以為己任」與「死而後已」，但這是最高知識分子才做得到的，一般讀書人，能短期擺脫利祿之途的，恐怕也算難得。王夫之言：「苟能於三年之中，無名利以分其心，則心漸清而道味漸出，由是而之焉，可期以造乎高明廣大之域……乃當世之不至穀者，期之三年而不易得。道其將隱，而學其將廢也乎？是可嘆也夫！」所以此章整體，是感嘆之言。

8.13

子曰：「篤信好學，守死善道。危邦不入，亂邦不居。天下有道則見，無道則隱。邦有道，貧且賤焉，恥也；邦無道，富且貴焉，恥也。」

【注釋】

1 篤信：深信。

2 死守善道：堅守善道，至死不逾。

3 見：現也。

4 「邦有道，…邦無道…恥也」二句：國家有道，得志者皆正道之士，此時既貧且賤，表示自己才德不足，應引以為恥。邦無道時，得志者皆宵小之徒，此時既富且貴，表示同流合汙，君子應以為恥。

【語譯】

老師說：「一個人應篤信好學，至死堅守正道。要記得危邦不可入，亂邦不可居。也要記得天下有道則現、無道則隱的道理。國家治理得好時，表示君子該出頭，這時貧且賤，是恥辱的；但當國家無道，小人當權，這時既富且貴的，就是恥辱了。」

【講析】

此章三段，可能答人所問各有不同，不見得能一體視之。

「危邦不入，亂邦不居」看似權謀，「天下有道則見，無道則隱」，則似有消極退縮之意，與前面「守死善道」之語似相衝突。天下無道，正需君子力挽狂瀾，豈能自隱焉？

朱子似亦不能善其說，曰：「不守死，則不能以善其道；然守死而不足以善其道，則亦徒死而已。」又說：「君子見危授命，則仕危邦者無可去之義，在外則不入可也。亂邦未危，而刑政紀綱紊矣，故潔其身而去之。」說法其實有些牽強。

這三段話，立意各異，不見得密切關聯，應視為孔子針對不同提問所作的不同解答。

8.14

子曰：「不在其位，不謀其政。」

【注釋】

1不在其位：不在官職上。

2不謀其政：對官職所守，不主動問訊。謀，問。

【語譯】

老師說：「沒有此官職，對此官職的事就不主動問訊。」

【講析】

這是對主管官員最起碼的尊重，但用得不好，就可能有守成退縮之意。程頤說：「不在其位，則不任其事也，若君大夫問而告者則有矣。」上司主動詢問，也是他責任所在，則應不在此限。還有，此處的「不謀其政」的政，是指政治上比較屬於技術層面的問題，政治方向的大問題，攸關文化的斷續，生民之苦樂，應是隨時可過問的。

8.15

子曰：「師摯之始，《關雎》之亂，洋洋乎！盈耳哉。」

【注釋】

1師摯之始：師摯，魯樂師名摯。之始，之始奏。

2《關雎》之亂：《關雎》樂章的最後部分。《關雎》《詩・周南》之首篇。亂，樂曲的最後一章也。

3洋洋：如海洋之盛大。

【語譯】

老師說：「像大師摯開始演奏，又像《關雎》的終段樂章，啊，音樂是那樣盛大飽滿呀！總是充盈在我的耳中的。」

【講析】

此章記孔子讚嘆音樂之盛美，師摯以始，《關雎》以終，是舉例而言，並非如《論語正義》強調「正聲」既失，師摯獨能識之。孔子極喜音樂，言及音樂，往往情不自禁，此章可說明。

8.16

子曰：「狂而不直，侗而不愿，悾悾而不信，吾不知之矣。」

【注釋】

1侗：無知貌。

2愿：謹厚也。

3悾悾：無能貌。

4吾不知之矣：我不知該怎麼辦，我也無可奈何。朱子曰：「其絕之之辭，亦不屑之教誨也。」

【語譯】

老師說：「一個人粗狂卻不正直，無知卻不謹厚，無能卻又不講信用，這樣的人，我真對他無可奈何了。」

【講析】

狂者而正直，狂是病，而正直猶有可取，但狂而不直就一無可取了。同樣，「侗而不願，悾悾而不信」，都一無是處又兼具雙重缺點，個性與品格都有問題，孔子雖倡有教無類，但對此種人都放棄教誨，因為無從教誨起。蘇軾言：「天之生物，氣質不齊。其中材以下，有是德則有是病，有是病必有是德，故馬之蹄齧者必善走，其不善者必馴。有是病而無是德，則天下之棄才也。」說得很對。

8.17

子曰：「學如不及，猶恐失之。」

【注釋】

1 不及：不逮。一指時間不夠，無法在有限時間學盡所有，一指才力不足，無法盡學。

2 失之：既學恐失之。

【語譯】

老師說：「求學總覺得力氣不夠，無法盡學。好不容易學到的一點東西，又擔心一下子都失去了。」

【講析】

此章最重要一字是「失」，「學如不及」既指力氣不夠，也可指時間不足，都解釋得通。說自己學如不及，一方面是謙虛，一方面是實情。人在時間壓力之下，總有無法把握所有的感覺，原能把握住的，也擔心隨時會失掉，這種對失落的恐懼，非有深入學習經驗者不能道。

「猶恐失之」，不是指學之易失就該放棄學習，而是指知道學之易失，而更加珍惜知識，且加倍努力。

8.18

子曰：「巍巍乎！舜禹之有天下也，而不與焉。」

【注釋】

1 **巍巍乎**：高大之貌，本用以形容山高。

2 **不與**：以聖德治天下，不汲汲以小事為，若不參與焉。朱注：「不與，猶言不相關，言其不以位為樂也。」此說易引起誤解，「不相關」有有意無為之含意，「無為而治」為魏晉之士所樂道，但與孔門治天下之旨恐不相侔。

【語譯】

老師說：「多麼偉盛啊！舜與禹以德治理天下，卻不汲汲於小事，看起來，好像有天下與自己無關的樣子。」

【講析】

一般人看不見大為，便以為無為，這是儒家之治道與道家之治道不同之處。董仲舒曰：「明其道不計其功」，明道並非不為，而是有大為，但大為卻不是為己。

8.19

子曰：「大哉堯之為君也！巍巍乎！唯天為大，唯堯則之。蕩蕩乎！民無能名焉。巍巍乎！其有成功也；煥乎，其有文章！」

【注釋】

1 唯：獨也。猶言只以。
2 則：取法。
3 蕩蕩：廣遠。
4 名：稱之，道之。
5 文章：指禮樂法度所形成之光彩。

【語譯】

孔子說：「偉大呀，堯之為君！崇高呀，世上只有天是高的，而堯所取法的就是天。他是那樣深遠呀！深遠的連民眾都無由稱頌他。啊，他真是崇高啊，他確是有所成呢；他還是光彩奪目的呢，因為留下了禮樂法度呀！」

【講析】

堯之取法於天，並不是一般人說的「無為」，孔子曾言：「天何言哉？四時行焉，百物生焉，天何言哉？」（《陽貨》篇 17.19）「四時行焉，百物生焉」即為本章所說「其有成功也」。天是有所作為的，只是「無言」罷了。天之所為太大，影響太遠，這種遠與大，非一般人感覺所及，所以「民無能名焉」。聖人取法於天，不求現而自現，唯有識之士，猶可見其文章煥然。「則天」、「成功」與「文章」皆有為之證。

8.20

舜有臣五人而天下治。武王曰：「予有亂臣十人。」孔子曰：「才難，不其然乎？唐虞之際，於斯為盛。有婦人焉，九人而已。三分天下有其二，以服事殷。周之德，其可謂至德也已矣。」

【注釋】

1五人：禹、稷、契、皋陶、伯益。

2亂臣十人：可以輔佐平亂之臣十人。故此處的亂字當作治字解，是古文中很特殊的一種訓詁方式，叫作「反訓」。語出《書・泰誓》：「予有亂臣十人，同心同德。」朱注十人為周公旦、召公奭、太公望、畢公、榮公、太顛、閎夭、散宜生、南宮适及一女性。

3唐虞：唐指堯，虞指舜。

4於斯：指文武之際的周初。

5有婦人焉，九人而已：十人之中有一婦人，並不能算是武王之臣，所以真正可稱為亂（治）臣的是九人。此女性或認為是文王母太姒，也有認為是武王妻邑姜，後者較有可能。

6三分天下有其二，以服事殷：指在文王時，天下九州已有三分之二的六州歸順周，而周仍服事於殷。六州為荊、梁、雍、豫、徐、揚也，唯青、兗、冀三州尚屬殷耳。

【語譯】

舜有賢臣五人而天下治。周武王說：「我有助我治國的治臣十人。」孔子說：「人才難得，不是嗎？唐堯、虞舜人才很盛，到周初，又盛極一時。其實武王說的十人中，有一人是婦人，真能算的，也才九人而已。天下三分，周初時周有其二，卻還是服事殷朝，周朝的德，可以說是至德了吧。」

【講析】

此章「三分天下有其二」以下可列另一章，因為所談的事不同。前面談的是人才難覓的問題，後面的是讚嘆周朝初年的盛德。但放在一起，也無不可，因為已說到武王，便想起周初，也不見得不合理。但文中「有婦人焉，九人而已」，不以女子為「人」，孔子不經意之間，似有輕視女性之嫌，但當時尚無現代兩性平等看法，聖人於此也無法超越。

8.21

子曰：「禹，吾無間然矣。菲飲食，而致孝乎鬼神；惡衣服，而致美乎黻冕；卑宮室，而盡力乎溝洫。禹，吾無間然矣。」

【注釋】

1 **無間然**：無可批評了。間指間隙、縫隙，即成語「無懈可擊」中之懈。
2 **菲**：薄也。
3 **致孝乎鬼神**：謂享祀豐潔。禹時去古未遠，治國不可廢鬼神。
4 **惡衣服**：平日不著好衣。
5 **致美乎黻**（ㄈㄨˊ）**冕**：致祭時之衣冠則求精美。黻，祭祀時穿的大衣，冕，冠也。
6 **盡力乎溝洫**：盡力疏通河流，不遭水患，使人得安居。

【語譯】

老師說：「禹，對他我是沒批評的了。他飲食簡單，而祭祀鬼神時卻很豐厚；自己穿的的衣服很差，祭祀時的衣冠卻很講究；他居住簡陋，卻盡力疏通天下河川水道，使人民可以安居。禹啊，我真沒一句話可批評的了。」

【講析】

這是孔子對古代聖君大禹的批評。無間，是無法找到間隙可以說他，間隙便是缺點。三件事有兩件談的是祭祀，這是因為在大禹的時候，還是一個「神道設教」的時代，神權的力量超過君權，所以祭祀等事，在當時的政治活動中十分重要，必須先講。但就算在那時代，大禹仍不以神君自居，他不忘盡力乎溝洫，消除天下的水患，以實際行動來福民利民，最主要的是，禹與舜一樣，都是有天下而不「與」焉，意指雖把天下治好，卻不將天下視為自己的私產，都以得天下為責任，不以得天下為享樂。

本篇後四章，都在論堯、舜、禹三人之成就，應一併視之。

卷五

子罕第九

子罕篇：共三十章。

9.1

子罕言利與命與仁。

【注釋】

1罕言：少說。

2與：這個字有多種解釋，今取連詞，詳見講析。

【語譯】

孔子很少說利，也很少說命與仁的事。

【講析】

「與」字一般有三種解釋。一作連詞，即孔子罕言利、命與仁三事；二作贊同解，謂孔子罕言利，卻贊同命與仁；三說孔子罕言利，如言利，一定與命與仁一起講。朱子採用前述之一說，《集注》引程子（頤）曰：「計利則害義，命之理微，仁之道大，皆夫子所罕言也。」孔子罕言利、命，都能成立，言仁則甚多，但卻未為仁確定含意，也甚少嘉許人之成仁。如說是罕言仁，當作此解。

9.2

達巷黨人曰：「大哉孔子！博學而無所成名。」子聞之，謂門弟子曰：「吾何執？執御乎？執射乎？吾執御矣。」

【注釋】

1 **達巷黨人**：此四字歷來有爭議，《史記・孔子世家》作「達巷黨人童子」，遂以為黨人為童子矣。也有人以為童子即項橐，傳說項橐為早慧的人，七歲而為孔子師。這些說法在漢代曾流行一時，但苦無具體證據。黨，即鄉，《論語・公冶長》「吾黨之小子狂簡，斐然成章，不知所以裁之」可證。朱注：「達巷，黨名。」指達巷鄉之某人。

2 **博學而無所成名**：朱注：「蓋美其學之博而惜其不成一藝之名也。」

3 **執**：專執一技。

4 **射**：射箭。

5 **御**：駕車。

【語譯】

一個達巷鄉的人說：「偉大的孔子呀！他真算博學的，卻沒有一項專長讓他能夠成名呀。」老師聽了，跟學生說：「我要做哪一項專長好呢？是去駕車呢，或是去射箭呢？我想，還是去幫人駕車吧！」

【講析】

在「專家」掛帥的現代，社會注意的是一個人專業上的成就（尤其與時尚或現實的利益有關），「博學」不但不受重視，反而成了一個具諷刺意味的話語，想不到在孔子的時代，也會碰到這個問題。達巷黨人並沒有瞧不起孔子，只是覺得孔子可惜了。這裡孔子的反應很值得玩味，一般人碰到這事會生氣，會大罵批評他的人沒有見識，但孔子卻不如此，他不僅博學，而且心胸廣大，面對別人的批評，他用的是非常幽默的態度。所謂幽默是不反擊，是順著別人的話來開自己的玩笑，有時候也會諷刺自己一下，「執御乎？執射乎？吾執御矣。」是很輕鬆又很反諷的話，但這是極有智慧又極有涵養的人才能說得出的。

孔子並非瞧不起御者或射者，而是順著問者之言舉此例說明而已，用的是調侃自己的方法。

9.3 子曰：「麻冕，禮也；今也純，儉。吾從眾。拜下，禮也；今拜乎上，泰也。雖違眾，吾從下。」

【注釋】

1麻冕：績麻為冠冕。

2純：以黑絲為冠冕，工較麻冕為粗，故較儉。

4拜下：指臣之於君行禮者，下拜而後升成禮。

5今拜乎上：指今天臣都直接升堂而拜。

6泰：驕慢也。

【語譯】

老師說：「麻冕是古禮，現在改用黑絲為冕，比以前節省了，我便從眾用黑絲冕。臣與君行禮，當先拜於堂下，現在都直接升堂拜了，我覺得這樣太傲慢了。雖然與眾人相違，我還是先拜於堂下。」

【講析】

此章主旨在教儉戒驕，說明有的事可從眾，有的事不可從，所謂「守經」、「達變」之分。程頤言：「君子處世，事之無害於義者，從俗可也；害於義，則不可從也。」應是確解。

9.4

子絕四：毋意，毋必，毋固，毋我。

【注釋】

1絕：無之盡者，即指一點都不可有。
2毋：無也，不可。
3意：朱注，私意也。也作臆測解。
4必：期必。預料、期許必定如此。
5固：固執。
6我：私己也。

【語譯】

孔子有四件絕對不做的事：一是不做臆測，二是不期必然，三是不固執，四是無私心。

【講析】

前三項毋意、毋必、毋固是做人處世的方法，第四項毋我，則指出聖人的修養懷抱。毋我的含意一是如《正義》所指：「述古而不自作，處群萃而不自異，唯道是從，故不有其身」，另一是則是指世事成敗不以我計，如是這樣，就顯示更大的胸襟與展望了。

9.5

子畏於匡。曰：「文王既沒，文不在茲乎？天之將喪斯文也，後死者不得與於斯文也；

天之未喪斯文也，匡人其如予何？」

【注釋】

1 **子畏於匡**：孔子曾受威脅於匡地。史載魯定公十四年，孔子去衛過匡。昔陽虎嘗暴於匡人，匡人惡之。孔子貌似陽虎，匡人見孔子以為陽虎，拘孔子五日，事見《史記・孔子世家》，畏於匡指此。俞樾《群經平議》以為：「畏於匡者，即被拘於匡地。」

2 **文不在茲乎**：朱注：「道之顯者謂之文，蓋禮樂制度之謂。」意即文王已死，但他留下的文化精華豈不在區區身上嗎？在茲，在此也。孔子此處極展現自信，但謂文不謂道，還是有謙虛的成分。

3 **後死者**：此處孔子自指。

【語譯】

老師曾被拘於匡地，但他說：「文王已死，他的道不就在我身上嗎？假如上天想要讓此道淪喪，那後死的我，一定不會得聞此道的。我已聞得此道了，可見上天不想讓此道淪亡，既然如此，那匡人又能把我怎麼樣呢？」

【講析】

此章很特殊，孔子陷入危機，自信有道在身，天自庇佑，匡人對之將無可奈何，這個說法有些迷信。其實這不是重點，重點是，孔子自認是文王之道的繼承者、發揚者，而且堅信文王之道的價值可以永恆。但他又很謙虛，認為大道之發揚並非靠他一己的努力，而是天意如此。

9.6 大宰問於子貢曰：「夫子聖者與？何其多能也？」子貢曰：「固天縱之將聖，又多能也。」

子聞之，曰：「大宰知我乎！吾少也賤，故多能鄙事。君子多乎哉？不多也。」

牢曰：「子云：『吾不試，故藝。』」

【注釋】

1 大宰：即太宰，大音太。春秋時有大宰名者甚多，不能確指。

2 **夫子聖者與？何其多能也**：孔子之前，聖人含意甚廣，不專指德之最高者言。大宰此問，即以多能為聖。

3 **天之縱之將聖，又多能也**：天使之為聖又多能也。縱之，猶使之。將聖，接近聖。將，殆也。子貢與人論夫子，有為夫子謙虛之意，故不言聖而言將聖。子貢所言之聖，已接近儒家對聖人之定義。

4 **鄙事**：粗鄙的小事。自謙詞。

5 **君子多乎哉？不多也**：此句有二解，一是說君子須多方才藝嗎？無須的；其二是說我這點才藝，對君子而言算多嗎？不能算的。語譯取後者，是因為此章孔子有言：「吾少也賤，故多能鄙事。」

6牢：孔子弟子，一說即子張，姓琴，一字子開。不確定。

7不試：不用於世。試，通用。

8故藝：以故多藝能。

【語譯】

太宰問子貢說：「你們老師孔子，應該是個聖人吧？否則怎麼有那麼多才藝呢！」子貢說：「這固然是上天要使他為聖人，又使他多能吧。」

孔子聽了後，說：「太宰真知道我嗎？我年輕時貧賤，所以很多粗鄙的事我都能做。對一個君子而言，這點才能算多嗎？我認為不多呀。」

後來牢說：「老師曾說過：『我因為沒被世所重用，所以學得了多種才藝呀。』」

【講析】

前章達巷黨人還說過孔子：「博學而無所成名」，引起孔子「執御、執射」之嘆，此章則以為孔子多能，使得孔子以「吾少也賤」來解釋，可見別人的批評，向來都不準確。

太宰問孔子多能，其實是曲解了對「聖人」一詞的含意，孔子不以為聖人須多能，也不認為自己的一些才能夠稱得上君子的條件，但對太宰之所問不以為忤，反而順其意而開起玩笑來，把主題改成討論「多能」一事上，一方可見孔子之謙虛，一方可見聖人之開朗又不拘泥。或認為「牢曰」之後應另起一章，其實牢語為補充印證所用，附於此並無不宜。

9.7

子曰：「吾有知乎哉？無知也。有鄙夫問於我，空空如也，我叩其兩端而竭焉。」

【注釋】

1 鄙夫：猶言鄉野無文之人。

2 空空然：指鄙夫心空空，一無所知。

3 叩其兩端而竭焉：叩問事之首尾兩端，知其所由後，竭盡所能的告訴他事之原理。

【語譯】

老師說：「我算是有知嗎？其實我是無知的呢。有個村夫來問我，他內心一無所知，我只能詳細叩問他那件事的首尾，等我知道原委後再盡所能的告訴他。」

【講析】

說自己無知，有謙虛的含意，往往也有想推脫的意味，孔子此處說無知，並不是推諉，而是真認為自己於此事的無知，孔子在承認自己無知之後，面對這位「鄙夫」提問，還是詳細的叩問他，盡其量的把事情的始末弄清楚，看看能否幫他解決。任何人都不可能是全知，而求得知識或解決問題是有途徑與方法的，「叩其兩端」便是方法之一，叩其兩端就是細問那件事的始末，等自己充分弄清楚之後，再盡力設法幫助對方，這是一個教育家對自己與對別人的基本態度，孔子充分顯示出來了。

9.8

子曰：「鳳鳥不至，河不出圖，吾已矣夫！」

【注釋】

1鳳鳥：靈鳥。據傳舜時曾出現，是時代祥瑞的象徵。

2河出圖：傳說黃河有龍馬負圖而出，也是世有聖王的瑞相。古代河多專指黃河。

3吾已矣夫：我大概完了吧。感嘆語。已，止也。猶口語說的算了吧、完了吧。

【語譯】

老師說：「這是個鳳鳥不至、河不出圖的時代，我大約是完了吧！」

【講析】

「鳳鳥不至，河不出圖」只是兩個象徵，並不是孔子迷信，此章主旨在孔子說：「吾已矣夫！」表示對時代極度憂傷，自己又無能為力，這時的孔子態度十分消沉。

此章情緒好像不怎麼正面，《論語》偶有這類很憂傷、沉痛的描寫。聖人不是一向主張剛健自強的嗎？任何事都要努力擔當，時代不好，有我就會變好，道德萎縮，有我就可以復振，《論語》中到處瀰漫著這種「仁以為己任」的精神。

但假如完全忽視了社會的真實面，那種剛健與樂觀其實也是一種幼稚的表現。孔子所處的，確實是一個禮壞樂崩、阢隉難安的時代，孔子是有血性的人，偶爾反應出消極或沮喪的心情，其實也是人情之常，卻究竟不是常態。「道不行，乘桴浮於海」（《公冶長》篇5.6）與此章，應作此看。

9.9

子見齊衰者、冕衣裳者與瞽者，見之，雖少必作；過之，必趨。

【注釋】

1 齊（ㄗ）衰（ㄘㄨㄟ）者：穿著喪服的人。

2 冕衣裳：一說《魯論》冕作絻，喪服也，本文採之。另一說衣冠整齊，著盛服之貴者。不取。《鄉黨》篇10.16有：「見齊衰者，雖狎，必變。見冕者與瞽者，雖褻，必以貌。」所說為近。冕，冠也，上身為衣，下身為裳。

3 瞽者：盲者。

4 作：起也。即起身。

5 趨：疾行，快步走過。

【語譯】

孔子遇到穿著喪服的人，不論是重喪或輕喪，還有盲者，只要來見他，就算比他年輕，他也會站起來接待的。假如路過這些人，他一定快步走過，以免造成妨礙。

【講析】

西方人觀察社會之良窳，往往視人對不幸者之態度以決定之，此亦《禮運・大同》所指，要使「鰥寡孤獨廢疾者皆有所養」，所給養的對象，便是社會不幸的人。

朱注將冕衣裳當成盛服之貴者，孔子見之必作必趨，以為應尊其位。但審之全章，前後皆對不幸者言，則此處插一貴者，似有不恰，故不採此說。孔子對居喪者與盲者，因哀而生敬，而且特別注意細節，尹焞言：「此聖人之誠心，內外一者也。」

9.10

顏淵喟然歎曰：「仰之彌高，鑽之彌堅；瞻之在前，忽焉在後。夫子循循然善誘人，博我以文，約我以禮。欲罷不能，既竭吾才，如有所立卓爾。雖欲從之，末由也已。」

【注釋】

1 **喟**（ㄎㄨㄟˋ）**然**：嘆息聲。

2 **仰之彌高**：仰望他，越覺得他高。之，指孔子。彌，更也。

3 **鑽之彌堅**：越鑽，越覺堅實。

4 **瞻之在前，忽焉在後**：往前看他在前面，一下子，他又在我後頭了。形容孔子之道的廣大，知淺才小者無法捉摸掌握。瞻，往前看。

5 **循循然**：有秩序的樣子。

6 博我以文：以文學廣博充實我。

7 約我以禮：以禮之節文來約束我。

8 既竭吾才：已用盡我的才能力氣。

9 卓爾：高立貌。

10 末由：無路可由。末，無也。

【語譯】

顏淵喟然嘆道：「我越仰望他，他顯得越高聳，越鑽研他，他顯得越堅實；眼看就在我面前，忽然之間，覺得他又在我後方。我們老師真懂得用循序漸進的方式誘導我們啊，他以文學，擴充我的知識，以禮節，約束我的行為。我跟老師學習，真是欲罷不能啊，用盡了我的才幹，才見到老師的道理高峻的聳立在前，但我在設法跟蹤追隨的時候，卻發現自己一點辦法都沒有似的，好像無路可走啊。」

【講析】

這是孔子的大弟子對孔子的讚嘆之詞，句句發自真心，而所說雖多況詞，但所況都極為真實，皆非泛泛之語，可見孔子之道的博大精深，為顏子之所折服而深契。至道涵蓋至大，無法具體模擬，只有訴諸如「仰之彌高，鑽之彌堅；瞻之在前，忽焉在後」來形容，但孔子講學，從不故作玄虛，善學者，也有把握之途，故又有「博我以文，約我以禮」之說。但後來語鋒一轉，以孔門最為好學的顏子竟說「雖欲從之，末由也已」，看起來有點絕望，一方謙稱自己無能，一方讚譽聖人之道無窮，細體全文，也含有學者既努力於此途，絕不可懈怠之意。

9.11 子疾病，子路使門人為臣。病間，曰：「久矣哉！由之行詐也，無臣而為有臣。吾誰欺？欺天乎？且予與其死於臣之手也，無寧死於二三子之手乎？且予縱不得大葬，予死於道路乎？」

【注釋】

1 **疾病**：病重。疾，病甚也。

2 **使門人為臣**：派使門人為家臣，以籌備喪事。大夫有喪事，由家臣統籌處理，然時孔子已去位，無家臣。子路欲以家臣治其喪，意欲尊孔子。

3 **病間**：病情稍好。

4 **行詐**：欺騙，行詐道。

5 **無臣而為有臣**：沒有家臣卻裝出有家臣來。

6 **無寧**：不如，寧也。

7 **大葬**：如國君、大臣的禮葬。

8 **死於道路**：喻無人收屍埋葬。

【語譯】

老師病重，子路指派門人做老師的家臣，以準備料理後事。老師病稍好，知道此事之後說：「很久了吧，仲由在行騙呢，我明明沒家臣，卻要裝出有家臣，我要騙誰呢？騙天嗎？何況我與其要死在家臣手上，不寧願死在你們學生手裡更好嗎？就算得不到大國重臣的禮葬，那又有什麼關係呢？難道我會死在路上沒人來收屍埋葬嗎？」

【講析】

子路考慮的一點是，在當時幾乎所有的禮節儀式都是為大夫以上的人所設，孔子此時無官職，已是平民身分，萬一孔子死了，並無適宜的禮節來處理，所以想出派孔子的門弟子為家臣，希望能以大夫之禮來臨喪，這是子路的想法，純粹出於好心與細心。但對孔子而言，卻是很大的冒犯，因為這不合禮，禮最講究的是分際。以無為有，以虛為實，就是詐騙，焉有一面倡言君子之道，一面卻居心行騙的呢？所以此處孔子對子路，責之深切，而且毫不留情面。這是大義之下，不得顧念私情了。

9.12

子貢曰：「有美玉於斯，韞匵而藏諸？求善賈而沽諸？」子曰：「沽之哉！沽之哉！我待賈者也。」

【注釋】

1 韞（ㄩㄣˋ）匵而藏諸：藏於匵中乎？韞，藏也。諸，問詞，猶之於。

2 求善賈而沽：求出高價者賣之。善賈，出高價者，賈讀如價。一說善於買賣之商人，賈讀如估。估，賣也。不從。

【語譯】

子貢說：「這裡有塊美玉，是藏在櫃子裡好，還是求有出高價的把它賣了好呢？」老師聽了說：「賣了它吧！賣了它吧！我在等出高價的人啊。」

【講析】

子貢以孔子有道不仕，故有此問。但孔子未嘗不欲仕，只擔心不能行其道，故有待人之應許，最好是可仕又可行其道。此章重點在「求」與「待」兩字，有美玉之才不「求」售，但也無須韞於匵而自寶，可等待有眼光之人來而售之，此之謂「待」。朱子說得好，他說：「孔子言固當賣之，但當待賈，而不當求之耳。」

9.13

子欲居九夷。或曰：「陋，如之何！」子曰：「君子居之，何陋之有？」

【注釋】

1 **九夷**：外族人九夷所居之地。傳說中國東方有夷九種。

2 **陋**：指文化落後。

3 **君子居之，何陋之有**：指君子居之，可化簡陋為文明。

【語譯】

孔子想居住到九夷這地方去。有人問：「那裡文明落後，怎能去住呀？」孔子說：「君子去住，怎麼還會落後呢？」

【講析】

此章與《公冶長》篇 5.6 一樣，都是孔子失志時的語言。但聖人縱失志，並不放棄化民之責，說「君子居之，何陋之有」，依然氣象可見。

9.14

子曰：「吾自衛反魯，然後樂正，《雅》《頌》各得其所。」

【注釋】

1 **自衛反魯**：從衛國回到魯國。魯哀公十一年冬，孔子自衛返魯，時孔子六十八歲。

2 **樂正**：一指正其樂音，一指正其樂章，均可。朱注：「是時周禮在魯，然詩樂亦頗殘缺失次。

孔子周流四方，參互考訂，以知其說。晚知道終不行，故歸而正之。」

3 **雅頌各得其所**：使《詩》中《雅》、《頌》的音樂放在合適的位置，令各安其所。

【語譯】

老師說：「我從衛國回魯國之後，就考定樂章，使《詩》中《雅》、《頌》各安其位。」

【講析】

《詩》有風、雅、頌三種，風是各地民歌，雅是朝廷正樂，頌是宗廟祭祀所用的音樂，用處不同，而音樂的形式與內容也都各異，《詩》皆可歌，應是必然，可能到孔子時，已有音樂與《詩》的內容不合的混亂狀況，所以才須要「正樂」。《史記．孔子世家》曰：「古者詩三千餘篇，及至孔子，去其重，取可施於禮義，上采契後稷，中述殷周之盛，至幽厲之缺，始於衽席，故曰『《關雎》之亂以為風始，《鹿鳴》為小雅始，《文王》為大雅始，《清廟》為頌始』。三百五篇孔子皆弦歌之，以求合《韶》《武》雅頌之音。禮樂自此可得而述，以備王道，成六藝。」其中刪《詩》之說，歷來便有爭議，其餘言孔子正樂，以使《雅》《頌》各得其所，則應無誤。

9.15

子曰：「出則事公卿，入則事父兄，喪事不敢不勉，不為酒困，何有於我哉？」

【注釋】

1 不敢不勉：不敢不努力。

2 酒困：困於酒。

【語譯】

老師說：「出外事奉公卿，入門事奉父兄，碰到喪事不敢不勤勉將事，不受酒醉所困，這些事，對我而言，有何困難呢？」

【講析】

都是很平常的事，從平凡越見偉大。此章與「默而識之，學而不厭，誨人不倦，何有於我哉？」（《述而》篇 7.2）語式一模一樣，朱子曰：「然此則其事愈卑而意愈切矣。」這類的記載，多數是因為有人問及，否則無端自言，有些唐突。

9.16

子在川上，曰：「逝者如斯夫！不舍晝夜。」

【注釋】

1 逝者：過去之事物。此指時間。

2 如斯：如此。指水。

3不舍晝夜：猶晝夜不停。舍，同捨，棄也。

【語譯】

孔子在河川上，說：「時間跟它一樣的流逝呀！一刻都沒有停止過啊。」

【講析】

人常以逝水比喻時間的流失，覺得時間不等人，老是過得很快而無法掌握，這種興嘆，幾乎是所有人都有過的。當然也可引申如程頤所說：「此道體也。天運而不已，日往則月來，寒往則暑來，水流而不息，物生而不窮，皆與道為體，運乎晝夜，未嘗已也。是以君子法之，自強不息。及其至也，純亦不已矣。」說的當然不錯，一方以時間不待人為警惕，一方以大自然「不舍晝夜」之動能自勵，除此之外，能發揮之處尚多。

但究其實，此章所寫其實是尋常的感嘆，自然而然，不是有意說教，要知道尋常事也有可觀、可興者，如不搬出「天運」、「道體」這類的話題，也許可以更切合生命的脈動，對尋常人也產生共鳴的作用。

9.17

子曰：「吾未見好德如好色者也。」

【語譯】

老師說：「我沒見過一個好德如好色的人啊。」

【講析】

也許社會好德者真的不如好色者多，也許不是，這種判斷沒有經過嚴格統計，大體上言，好色為所有生物所必有的，是求生命延續，為種族生存的必要條件，說好色者比好德者多，也許可以成立，只是不夠準確，而要說從未見到好德如好色者，就有點誇大了。

此章是感慨世上好德的人少了，可能是答人所問，也可能是孔子看到某些敗象所興起的感嘆，感嘆之詞不以準確與否為尚。《集注》引《史記》載：孔子「居衛月餘，靈公與夫人同車，宦者雍渠參乘出，使孔子為次乘，招搖市過之。」朱子認為孔子醜之，故有此言。這是因為此章談到好色者多所作的推想，也許是，也許不是，以特定之事來解釋平常之言，除非證據確切，否則易生穿鑿。

9.18 子曰：「譬如為山，未成一簣，止，吾止也；譬如平地，雖覆一簣，進，吾往也。」

【注釋】

1 為山：以人工堆築一座山。
2 簣：置土之竹籠。

【語譯】

老師說：「譬如堆一座山，只差一籠土就堆成了，卻停下了，是我停下來的呀；譬如填平一塊地，地上雖只一籠土，而我只要不停的填下去，這進步，也是我做出來的呀。」

【講析】

半途而廢，前功盡棄；自強不息，則積久而事成。此章是說不管成功失敗，一切都操縱在自己的手中，人該努力或懈怠，就很容易明白了。

此章勸人及時努力，有後世「莫等閒，白了少年頭，空悲切」（岳飛《滿江紅・寫懷》）的意味，勉人積健為雄，要從小處做起，儒家一直有一種特殊的剛健的精神，於此可見。

9.19

子曰：「語之而不惰者，其回也與！」

【注釋】

1 語之：告之。

2 不惰：不懈怠。

【語譯】

老師說：「跟他說過的話，能遵行不逾又行之不怠的，恐怕只有顏回是這樣的人吧。」

【講析】

范祖禹言：「顏子聞夫子之言，而心解力行，造次顛沛未嘗違之。如萬物得時雨之潤，發榮滋長，何有於惰，此群弟子所不及也。」錢穆言：「讀者易於重視不惰二字，而忽了語之二字。蓋答問多因其所疑，語則教其所未至。聞所語而不得於心，故惰。獨顏子於孔子之言，觸類旁通，心解力行，自然不懈。此見顏子之高。」皆可參考。

9.20

子謂顏淵，曰：「惜乎！吾見其進也，未見其止也。」

【注釋】

1 惜乎：顏淵既死而孔子惜之。

【語譯】

老師說到顏淵，嘆息道：「可惜死了呀！這人我只見他往前進，從未見他停止過。」

【講析】

此章是綜合前兩章，一說譬如平地，雖覆一簣，進，吾往也；一說顏淵不惰，知進不知退，惜其不壽。

9.21

子曰：「苗而不秀者有矣夫！秀而不實者有矣夫！」

【注釋】

1 苗：穀之始生。

2 秀：吐花。草花曰秀。

3 實：成穀，結實。

【語譯】

老師說：「植物中，抽了苗不開花的是有的吧，開了花而結不出實的也是有的吧。」

【講析】

此章如連上章，以植物為例，可以說是哀顏淵不壽無成，如不連上章，可以說是對世事的一般感嘆。世上有很多人不及成年，成年又不及學問或事業有成，可嘆者甚多，不必為一人而發也。

9.22

子曰：「後生可畏，焉知來者之不如今也？四十、五十而無聞焉，斯亦不足畏也已。」

【注釋】

1後生可畏：年少的人可畏。因其來日方長，不可預期。

2來者：即後生。

3四十、五十而無聞焉：到四十、五十雖猶默默無聞。無聞，無所聞於世，可見學問、德行並不傑出。

【語譯】

老師說：「少年人是可畏的啊，怎麼知道那些後生晚輩不如今天的人成就大呢？但一個人到了四、五十歲還無聲聞於世，大概也就無足畏了。」

【講析】

少年之可畏在青春正盛，一切都不可預期，但蹉跎歲月，一事無成，到了四、五十歲依然無聲聞於世，大約就不足畏了。但此判斷也不可視為必然，世上也有不少晚成之人，最後一句可視為對成年之後不再求進的人所做的警戒。

9.23

子曰：「法語之言，能無從乎？改之為貴。巽與之言，能無說乎？繹之為貴。說而不繹，從而不改，吾末如之何也已矣。」

【注釋】

1 **法語**：有法則意味之言，正言也。

2 **巽與**（ㄒㄩㄣˋ）**之言**：婉婉勸善之言。巽，恭順也。

3 **繹之**：尋繹，仔細找尋並推想。朱注：「不繹，則又不足以知其微意之所在也。」

4 **說而不繹**：只是喜歡，卻不去尋思其理。

5 **從而不改**：言從而行不改。

【語譯】

老師說：「別人用正言告誡我，我能不聽從嗎？要改了才是好的。別人用和婉的語言勸告我，我會不喜悅的接納嗎？但一定要仔細尋思他的言外之意才對。要是光會喜悅，不知尋思，光是言從，卻行為不改，那我對之也無法可想了。」

【講析】

法語之言嚴正，巽與之言委婉。本章教人聽人意見，也要尋思別人的言外之意，不可盲從。善學者須知判斷，有善必從，有過必改。

9.24

子曰：「主忠信，毋友不如己者，過則勿憚改。」

【講析】

此章重出而逸其半，見《學而》篇1.8。

9.25

子曰：「三軍可奪帥也，匹夫不可奪志也。」

【注釋】

1三軍：一說上、中、下三軍，一說左、中、右三軍。指編制完整的大國之軍。

2奪帥：奪其主帥。

3匹夫：喻一般人。

【語譯】

老師說：「三軍可奪其將帥，匹夫不可奪其意志。」

【講析】

三軍之帥由人所命，故可奪，匹夫之志在己所立，故人不可奪。言個人意志之重要。

9.26

子曰：「衣敝縕袍，與衣狐貉者立，而不恥者，其由也與？『不忮不求，何用不臧？』」子路終身誦之。子曰：「是道也，何足以臧？」

【注釋】

1 **衣敝縕袍**：穿著破縕袍。縕，以絮為裡的袍子，袍之賤者。

2 **衣狐貉者**：穿著狐裘者。狐貉，以狐貉之皮為裘。衣之尊者。

3 **不忮**（ㄓˋ）**不求，何用不臧**：《詩・衛風・雄雉》中句。忮，害也。求，貪也。臧，善也。

4 **終身誦之**：一生常誦此章。有沾沾自喜之意。

【語譯】

老師說：「穿著破爛的袍子，與穿著狐裘的貴人站在一起，一點都不覺羞恥的，恐怕只有仲由做得到吧。《詩》裡面說：『不去害人，也不貪求，這樣哪裡不好呢？』」子路聽了，一生常誦此詩。老師說：「光做到這個，怎能算是好呢？」

【講析】

子路剛毅正直，所以孔子以「不忮不求」讚譽他，想不到子路卻因而自得，所以引起孔子後面的批評了。這是因為孔子認為子路之賢，宜不止於此，故激而進之也。

9.27

子曰：「歲寒，然後知松柏之後彫也。」

【注釋】

1歲寒：歲經大寒。

2後彫：凋於其他林木之後，彫，同凋。

【語譯】

老師說：「經過大寒，才知道松柏是最後凋零的呢。」

【講析】

這是個極飽滿之短句。

「歲寒」指時間，「松柏」為主詞，「後」為副詞，「彫」為動詞，是個完整的句子。表面是對自然現象的描述，但此句卻不徒是描述大自然而已，其中有個「知」字。誰知？「我」（包括你我）知，因有我知，所以這大自然的景象便與「我」發生關聯了，這小小的關聯，使得松柏後凋產生了意義。

歲寒喻壞的時代，松柏喻君子，後凋指堅持節操。承平之日，君子與小人無異，臨大節，才能辨別忠義。王夫之曰：「夫子此言，可以表志士仁人之節，可以示知人任重之方，可以著君子畜德立本之學，可以通天下吉凶險阻之故。」錢穆曰：「道之將廢，雖聖賢不能回天而易命，然能守道，不與時俗同流，則其緒有傳，其風有繼。」都說得很好。

9.28

子曰：「知者不惑，仁者不憂，勇者不懼。」

【注釋】

1 知者不惑：知者之明足以燭理，故不惑。

2 仁者不憂：仁者之理足以勝私，故不憂。

3 勇者不懼：勇者之氣足以配道義，故不懼。

【語譯】

老師說：「智者心無疑惑，仁者心無憂慮，勇者心無恐懼。」

【講析】

智、仁、勇稱三達德。朱子認為是「學之序也」，其實是一個人的人格境界，智以明之，仁以守之，勇以行之。可一分為三，也可合三為一，有體有用，既外且內，可謂學者為學立身之宗旨。

9.29

子曰：「可與共學，未可與適道；可與適道，未可與立；可與立，未可與權。」

【注釋】

1可與：言可與共為此事也。

2適道：走向正道。適，往也。

3立：立身行道，確立不搖。

4權：權衡輕重，權，原指測輕重之量器，猶秤之秤錘，天平之砝碼。

【語譯】

老師說：「有人可以與他共學，但無法跟他一同奔向正道；可以與他一同向道，但不見得能跟他一起堅守；可以與他一起堅守，但又不見得能跟他一起權衡事物的輕重。」

【講析】

世上之人千萬種，有一項優點往往缺另一項，全人只能自我要求，但也不見得能要求得成。人應知道人格中的欠缺，而思多方補救。

9.30

「唐棣之華，偏其反而。豈不爾思？室是遠而。」子曰：「未之思也，夫何遠之有？」

【注釋】

1唐棣四句：逸《詩》中句。

2唐棣：郁李也，植物名。

3偏其反而：花搖動貌。偏可作翩，反。翻也。

4室：指所居。

5爾思：思爾也。

【語譯】

《詩》上有句：「唐棣花呀，翩翩翻轉。我怎會不想你呢，只因為我們離得遠罷了。」老師說：「一定沒有盡力去思念吧，真的思念起來，還會遠嗎？」

【講析】

孔子不僅會解詩，而且是心理學家，知道思念或感情可以超越距離，因之「但願人長久，千里共嬋娟」之想才能成立。但宋儒不作此思，多以道德解之，朱注曰：「夫子借其言而反之，蓋前篇『仁遠乎哉』之意。」可能是對的，也可能是錯的。程頤曰：「此言極有涵蓄，意思深遠。」其實意思深遠之外，還有智慧與幽默在其中。

鄉黨第十

此篇原不分章，朱子分為十七章。也有分為十八章者，錢穆採之。本書分十八章。

本篇所記，皆孔子生活上容止之細節，楊時曰：「聖人之所謂道者，不離乎日用之間也。故夫子之平日，一動一靜，門人皆審視而詳記之。」尹焞曰：「甚矣孔門諸子之嗜學也，於聖人之容色言動，無不謹書而備錄之，以貽後世。今讀其書，即其事，宛然如聖人之在目也。雖然，聖人豈拘拘而為之者哉？蓋盛德之至，動容周旋，自中乎禮耳。學者欲潛心於聖人，宜於此求焉。」

10.1

孔子於鄉黨，恂恂如也，似不能言者。其在宗廟朝廷，便便言，唯謹爾。

【注釋】

1 於鄉黨：居鄉。
2 恂恂如：信實之貌。
3 在宗廟朝廷：在朝廷任官。
4 便便言：言語辯給。善言貌。

5謹：謹慎恰當。

【語譯】

孔子在鄉下平居時，恭謹謙遜，像不會說話一樣；他在宗廟朝廷時，言語清晰明辨，卻極謹恰。

【講析】

此章記孔子於鄉里、宗廟、朝廷言貌各不相同，《憲問》篇14.14記：「夫子時然後言，人不厭其言。」什麼場合說什麼話，與何種人相處說何種話，便叫作「時然後言」。

10.2

朝，與下大夫言，侃侃如也；與上大夫言，誾誾如也。君在，踧踖如也，與與如也。

【注釋】

1朝：於朝廷，君尚未視朝時。

2與下大夫言：與比自己低階之大夫言語。

3侃侃如：和樂貌。

4誾（ㄧㄣˊ）誾如：中正貌。《說文》：「侃侃，剛直也。」「誾誾，和悅而諍也。」此處侃侃如指對下言語態度，宜如劉寶楠、錢穆採和樂貌、中正貌解。

5君在：君視朝時。

6 踧（ㄘㄨˋ）踖（ㄐㄧˊ）：恭敬貌。

7 與與如：猶徐徐，威儀中適之貌。張載曰：「與與，不忘向君也。」也通。

【語譯】

孔子於朝廷，當國君尚未臨朝時，與下大夫說話，態度和樂，語言輕緩；與上大夫說話，態度中正而語言清楚。國君視朝時，眼看著國君，態度恭敬又威儀適中。

【講析】

接上與接下，態度言辭各有不同。與國君相見相言，自須遵守一定的禮節規範。而下大夫較畏懼，與之相對，故態度要和樂，言語要輕緩。上大夫官階職守均高於我，對之須有禮，但不可諂媚，故言語誾誾，不失中正。

10.3

君召使擯，色勃如也，足躩如也。揖所與立，左右手。衣前後，襜如也。趨進，翼如也。賓退，必復命曰：「賓不顧矣。」

【注釋】

1 君召使擯：被國君指派去迎接國賓。擯同儐，儐，迎賓。

2 勃如：本指變色，此指色莊矜。

3躩（ㄐㄩㄝˊ）如：盤辟逡巡貌，有莊重之意。
4揖所與立，左右手：所與立指同為擯者。古禮迎賓者數人，行禮時也左右互揖拜。
5衣前後，襜（ㄔㄢ）如也：向左右揖拜時，衣隨動作前後整齊的擺動。襜如，整齊貌。
6趨進：快步向前進。趨，快步。
7翼如：如鳥舒翼，言張拱端好之狀。
8賓不顧矣：國賓已不回頭望了，表示來訪國賓已確定離開。朱注曰：「紓君敬也。」意思是賓客已走遠，國君可放鬆禮儀了。

【語譯】

國君召孔子作擯相迎賓，孔子容色行止必十分莊敬。與同為擯相的相互作揖，左右之間，揮張雙手，衣服隨之整齊擺動。須快步行走時，如鳥舒翼般從容美好。國賓退了，一定向國君復命說：「賓客走遠已不再回頭了。」好讓國君放鬆敬謹之禮儀。

【講析】

此章記孔子使召為擯相的細節。周到的禮節要注意細處，這裡連衣服擺動的小地方都寫出來了。

10.4

入公門，鞠躬如也，如不容。立不中門，行不履閾。過位，色勃如也，足躩如也，其言似不足者。攝齊升堂，鞠躬如也，屏氣似不息者。出，降一等，逞顏色，怡怡如也。沒階趨，翼如也。復其位，踧踖如也。

【注釋】

1 **鞠躬如**：如鞠躬般的敬重。鞠躬，曲身也。

2 **立不中門**：如站立，絕不在中門位置。

3 **行不履閾**（ㄩˋ）：走過門限必跨過，不腳踏。履，踩踏。閾，門限，門檻。

4 **過位**：經過國君之位，朱注，此指虛位。

5 **其言似不足者**：「不足」指放低音量，一指用詞簡約，都表極為禮貌。

6 **攝齊**（ㄗ）**升堂**：提起衣下襬以升堂。古人正式服裝都很長，行動時須用手拉起衣襬。齊，衣的邊緣與地齊的部分。

7 **不息**：屏息貌。

8 **降一等**：下了一階之後。等，階也。

9 **逞顏色**：放開臉色，不再緊張。

10 **沒階趨**：很快走完階梯。沒，走完。趨，快步。

11 **翼如**：如鳥張翼，言舒緩愉悅又具美感。

12 **踧踖如**：恭敬貌。

【語譯】

孔子進入諸侯的公門，必定斂身敬謹，像無處容身的樣子。絕不在門中站立，也不把腳踏在門限上。經過國君之位，那怕國君不在位，也變色正容，舉足莊矜，說起話來，輕聲細語，好像讓人聽不清楚的樣子。牽衣升堂時，躬著身體，屏氣似沒有呼吸。等出來，降下一階，才展開顏色，便又怡怡如初了。很快的走到沒有階梯的地方，就像鳥展翼一般的愉快。但要再過君位時，又會恭敬如前。

【講析】

此章記孔子在朝廷的容貌舉止，也是極注意細節。

10.5

執圭，鞠躬如也，如不勝。上如揖，下如授。勃如戰色，足蹜蹜，如有循。享禮，有容色。私覿，愉愉如也。

【注釋】

1 **執圭**：古時代表國君出訪，必帶國君的圭以示信。朱注：「圭，諸侯命圭。聘問鄰國，則使大夫執以通信。」圭，玉製禮器。

2 **如不勝**：執圭如不勝其重，敬謹之至也。

3 **上如揖，下如授**：將所執圭放在大約與心等高的位置，上不過揖，下不過授。揖與授均指手的位置，揖，作揖，授，給人物品時手的高度。

4 **勃如戰色**：莊矜如恐懼顫抖。戰，同顫。

5 **足蹜**（ㄙㄨˋ）**蹜，如有循**：不邁大步，如足有階可循。蹜蹜，舉足促狹也。

6 **享禮，有容色**：代表國君呈獻禮品時，態度和悅，就不再有戒慎恐懼之神色了。享，獻也。有容色，和也。

7 **私覿**（ㄉㄧˊ）**，愉愉如**：行禮已畢，該國國君與之私下會面時，顏色和悅，又勝獻禮時。覿，見也。

【語譯】

孔子為聘使出訪，彎腰執圭，如不勝其重的樣子。所執的圭在與心等齊，再高不高於揖，再低不低於授，臉孔敬矜如在顫抖，舉步維艱的，像腳踩著地面上的循物而行。等呈獻禮物給國君時，面容就展開，不再有戒慎恐懼之色了。等私下與國君相見時，就更和悅自然了。

【講析】

本篇所寫孔子與國君外賓相接（如10.3）及此處寫代表國君出使報聘外國等，考諸歷史，都不見得孔子實有此事，晁說之曰：「孔子，定公九年仕魯至十三年適齊，其間絕無朝聘往來之事。疑使擯、執圭兩條，但孔子嘗言其禮當如此爾。」也許是孔子平日以禮教學，要求注意事項，弟子所記，便置於此。《史記・孔子世家》：「孔子去曹適宋，與弟子習禮大樹下。」孔子隨時教習禮儀，此紀錄可證。

10.6

君子不以紺緅飾。紅紫不以為褻服。當暑，袗絺綌，必表而出之。緇衣羔裘，素衣麑裘，黃衣狐裘。褻裘長，短右袂。必有寢衣，長一身有半。狐貉之厚以居。去喪，無所不佩。非帷裳，必殺之。羔裘玄冠不以弔。吉月，必朝服而朝。

【注釋】

1 **不以紺（ㄍㄢˋ）緅（ㄗㄡ）飾**：不以紺與緅為衣飾。紺，青中泛赤的顏色。緅，絳色，深紅。紺與緅色古多為喪服。飾，衣的邊緣。

2 **紅紫不以為褻服**：不以紅紫色為家居之私服。朱注：「間色不正，且近於婦人女子之服也。」古人稱大紅為赤，赤與黃、青、白皆為「正色」，兩種以上顏色相混，曰「間色」。故此之紅，接近赤與白的混色粉紅，紫是青赤兩色所雜，故朱子稱之為「間色不正」。褻服，一般家居之私服。

3 **當暑，袗（ㄓㄣˇ）絺（ㄔ）綌（ㄒㄧˋ）**：熱天，穿葛布縫製的單衣絺或綌。袗，單衣。絺，精葛。綌，粗葛。

4 **必表而出之**：朱注：「謂先著裡衣，表絺綌而出之於外，欲其不見體也。」意即絺綌過薄，外出須著內衣。

5 **緇衣羔裘，素衣麑裘，黃衣狐裘**：此指冬天穿皮裘，皮裘毛色須與罩衫顏色相似，以免混亂。古人習將皮毛衣正穿，即毛在外皮在內，皮裘外另著罩衫為衣。緇為黑色，羊裘為黑羊皮，素為白色，麑為小鹿，色白，狐色黃，故著黃衫為衣。

6 **褻裘長**：居家時穿的裘比較長，長，為了保暖。

7 **短右袂**（ㄇㄟˋ）：右袖常挽起，以便做事。袂，衣袖。

8 **必有寢衣，長一身有半**：寢衣即睡衣。古人上衣為衣，下衣為裳，身指頸以下股以上，寢衣長一身有半，可以覆至膝。程頤以為此句應置下章，置此為錯簡，朱子以為在此章亦無不可。

9 **狐貉之厚以居**：狐貉有厚毛，保暖，可做座墊。居，坐也。

10 **去喪，無所不佩**：不居喪時，身上都可佩帶玉器。古人有佩玉的習慣，朱注：「君子無故，玉不去身。」

11 **非帷裳，必殺**（ㄕㄚˋ）**之**：不是上朝或祭祀時所著的帷裳，必定選有接縫的那一種。帷裳，朝祭時下身所著的，裳，指下身之衣，殺，指衣裳接縫處。朝祭時所著裳為整片布做成，無接縫，取其嚴整而與腰間的襞積相連，襞積，指衣服在腰部位的褶縐，是禮服上的一種裝飾，而一般家居服沒有襞積，多採有接縫的下裳，比較寬鬆舒適。

12 **羔裘玄冠不以弔**：穿羔裘、著玄冠時不去祭弔。古人喪主素，吉主玄。素，原指未經染色之絲，後多指白色。玄，黑色。

13 **吉月，必朝服而朝**：每月初一，必穿著朝服上朝。吉月，月之始也。朱注：「月朔也。」也有訓為一年之始月，正月也。此句，似專指孔子而言。如不曾居官，當然無須「朝服而朝」，居官中，則上朝不擇吉月。孔子曾仕魯，吉月應上朝賀年，故朱注曰：「孔子在魯致仕時如此。」

【語譯】

君子不以青紫與暗紅作衣領與衣袖的邊飾。也不把粉紅與紫色作為居家的服裝。天暑時，穿葛布衫，外出必加外衣。天冷穿黑外套時，裡面必定是黑色的羔裘，穿素色外套時，裡面穿的一定白色的麑裘，穿黃外套時，裡面穿的必定是狐裘。居家所穿的裘比較長，為方便做事，右袖挽上來看起來比較短。晚上睡覺，一定穿睡衣，長度是超過從頸到股身長的一半，可以及膝。冬天用厚的狐貂皮作坐墊。不居喪時，所有的玉飾都可佩帶。除非朝祭時穿的帷裳，其餘下身所穿都是有接縫的。弔喪不穿黑羔裘，不戴黑色冠。每年正月歲首，一定穿著朝服上朝去。

【講析】

此章可以看出孔子時代許多特殊的事務與後世尤其近世不同者，譬如服裝式樣、崇尚的顏色等的，是極珍貴的社會史資料。朱子以為是專記孔子穿衣之規則。當然章首「君子」可泛指，也可專指孔子，但最後一句「吉月，必朝服而朝」，如指不曾居官的一般君子，似不宜，故專指孔子是合理的。

10.7

齊，必有明衣，布。齊，必變食，居必遷坐。

【注釋】

1 **齊**（ㄓㄞ）：同齋。古人臨祭必有齋，齋，齊一身心之儀式。朱注：「齊，必沐浴，浴竟，即著明衣。」

2 **明衣**：貼身的浴衣，取其明潔也。

3 **布**：以布所製。

4 **變食**：改變飲食方式，如不飲酒、不茹葷腥等。

5 **居必遷坐**：易地而居。朱注：「遷坐，易常處也。」古人一般居內寢，內寢，正寢也，有齋疾，居外寢，以與家人隔離。外寢指內寢之外可居之室。

【語譯】

齋戒時必先沐浴，浴後穿乾淨的浴衣，是布做的。守齋的時候要改變飲食，也要搬到不同的居室。

【講析】

此章講守齋的規矩，齋戒是祭祀鬼神之前的預備工作，儀式越大，齋期越長也越嚴格，古人脫神權時代未遠，特別注視祭神與祭神之前的籌備動作。楊時曰：「齊所以交神，故致潔變常以盡敬。」

10.8

食不厭精，膾不厭細。食饐而餲，魚餒而肉敗，不食。色惡，不食。臭惡，不食。失飪，不食。不時，不食。割不正，不食。不得其醬，不食。肉雖多，不使勝食氣。惟酒無量，不及亂。沽酒市脯不食。不撤薑食。不多食。祭於公，不宿肉。祭肉不出三日。出三日，不食之矣。食不語，寢不言。雖疏食菜羹，瓜祭，必齊如也。

【注釋】

1 **食不厭精，膾**（ㄎㄨㄞˋ）**不厭細**：此語有兩說，一是指食以求精、膾，以求細為善。朱子曰：「食精則能養人，膾麤（粗）則能害人。不厭，言以是為善，非謂必欲如是也。」一說舉孔子「疏食飲水，樂在其中」一言，以為不因食膾之精細而特飽食。採前說，厭作棄解，食不厭精，即食不棄精美意；採後說，厭作足解，食不厭精，則食不因精而多食也。審此章所言，見孔子於飲食細節皆極講究，即所謂精也，以朱說為勝，今採朱說。膾，牛羊與魚之腥，聶而切之為膾。

2 **食饐**（一ˋ）**而餲**（ㄞˋ）：食物因濕熱而變味。饐，餿臭。餲，變味。

3 **魚餒而肉敗**：魚爛曰餒，肉腐曰敗。

4 **臭**（ㄔㄡˋ）**惡**：氣味變壞。

5 **失飪**：沒把食物的生熟掌握好，以致烹調不善。

6 **不時**：非時令之食物。

7 **割不正**：朱注：「造次不離於正也。漢陸續之母，切肉未嘗不方，斷蔥以寸為度，蓋其質美，與此暗合也。」今不取。割不正，非指割肉不夠方正，乃指切割食物的方式不正確，如切肉應逆其紋理，菜蔬亦然，如順紋理切，則烹不易爛，不利吞咽，可謂割不正。

8 **肉雖多，不使勝食氣**：肉雖多，也不超過吃五穀的量。中國人以穀食為主食。氣，一作餼，餼，飯料也。

9 **惟酒無量，不及亂**：朱注：「酒以為人合歡，故不為量，但以醉為節而不及亂耳。」

10 **沽酒市脯不食**：酒與肉乾皆自製，不購於市，恐不潔也。沽、市，皆買也。沽同酤。脯，肉乾。

11 **不撤薑食**：食完，諸食皆撤，唯薑不撤。朱注：「薑，通神明，去穢惡，故不撤。」

12 **祭於公，不宿肉**：助祭於君，所得胙肉，回家即分食予人，不隔夜。朱子曰：「所得胙肉，歸即頒賜，不俟經宿者，不留神惠也。」其實是為衛生的緣故。

13 **祭肉不出三日**：家中祭祀之祭肉，不過三日，皆已分送完畢，以免肉敗不可食也。家祭與公祭有重要性之差異，故遲速有別。

14 **雖疏食菜羹，瓜祭**：雖吃最簡單的菜食如菜羹、瓜果，都有小小的含有祭禮意義的舉動。朱注：「古人飲食，每種各出少許，置之豆（盛食物之小容器）間之地，以祭先代始為飲食之人，不忘本也。」就是對最早發明餐食的先人，表示謝意的一種禮節儀式。此儀式有點像現代人在餐桌以二指輕扣桌面，表示對布菜施茶者之謝意。

15 **齊如**：像正式齋戒般的敬謹。齊，同上章，齋也，讀如齋。

【語譯】

飯吃精緻點的，肉吃切得細的，都是好的。飲食因濕熱而變味了，魚餒肉敗了，都不吃了。顏色不好，不吃。氣味不好，不吃。生熟失度，不吃。不是時令的東西，不吃。切割不正確的，不吃。沒有適合的調料醬汁，不吃。肉雖然很多，但不能比吃五穀主食多。只有酒沒限量，不要醉了亂了就好。在市場買的酒與肉乾，不吃。等飲食已畢，所有食物都撤走了，薑還不撤。所有食物都適可而止，不多吃。陪國君祭祀，分得的胙肉，一回家就分給人了，不讓它隔夜。家祭的祭肉，不出三天，也分完吃完。出了三天，就不吃了。吃東西時不說話，睡覺時也不說話。雖吃很一般的食物如菜羹瓜果，也會做一種謝食禮敬的舉動，做這舉動時，也很莊重恭謹。

【講析】

此章記孔子飲食的細節，也是研究古代飲食歷史的珍貴材料。

大體而言，跟現在的飲食習慣也相差不多，譬如魚餒肉敗、色惡、惡臭、失飪、不時、割不正，現代人也不食的。「割不正」令人聯想起「食德」的問題，認為食品切割不正會影響人的品德，這種推論不是不可以有，但也不能過於拘泥，因為前面「肉敗、色惡、惡臭、失飪、不時」的描述，都是衛生健康因素，與人品德無關。又現在已很少有祭肉了，當時的「祭於公不宿肉」，與「祭肉不出三日」，其實是因為古時無適當冷藏設備，肉類易腐，也都是為了衛生的緣故，「惟酒無量，不及亂」，因各人的酒量不同，這句話到今天也還成立的。倒是孔子不飲沽酒，不食市脯，自有他特殊的條件，別人也不見得全做得到。不撤薑食是比較特殊的例子，這是當時或當地的吃食習慣，可能與健康或某些「食德」有關，可能不是，朱子言薑能「通神明」，恐有點穿鑿，不見得必信。每食都不忘祭，也是當時的一種特殊習慣，後代已少見到了。

10.9 席不正，不坐。

【注釋】

1席：座位。古人無椅，均席地而坐，下有坐墊，夏為席，冬為衽。

【語譯】

座位不正，不坐。

【講析】

謝良佐曰：「聖人心安於正，故於位之不正者，雖小不處。」不過正字至少有兩層意思，一是指座位的朝向，一指座位的秩序，孔子於此應都有講究的。有版本將此章與下章相連成一章，朱子《論語集注》本採之。

10.10 鄉人飲酒，杖者出，斯出矣。鄉人儺，朝服而立於阼階。

【注釋】

1鄉人飲酒：《儀禮》有《鄉飲酒禮》，共分四種，一則三年賓賢能，二則鄉大夫飲國中賢者，三則州長習飲酒，四則黨正蠟祭（蠟（ㄓㄚˋ），年終祭百神。）飲酒。此章當指蠟祭，《鄉飲酒禮》記蠟禮有「樂正與立者皆薦以齒」句，可見其中有敬老之意。

2杖者出：年齒高的老人走出了。杖，拐杖，又稱扶老，老年人所用。

3儺（ㄋㄨㄛˊ）：古人驅逐疫癘之儀式。朱注：「儺，所以逐疫，《周禮》方相氏掌之。」

4朝服：上朝時所穿的衣服，喻正式的服裝。

5立於阼階：站立在廟的東階上。朱注：「儺雖古禮而近於戲，亦必朝服而臨之者，無所不用其誠敬也。」

【語譯】

孔子在鄉飲酒禮上與鄉人同飲，結束後一定等老人離開了，自己才敢離席。碰上鄉人行驅鬼逐疫儀式時，自己一定穿著正式服裝，肅立在家廟的東階上。

【講析】

此章記孔子居鄉與禮有關之事。

10.11

問人於他邦，再拜而送之。康子饋藥，拜而受之。曰：「丘未達，不敢嘗。」

【注釋】

1 **問人於他邦，再拜而送之**：請人到外邦向友人問好，要再拜並親送他，以示禮敬。朱子曰：「拜送使者，如親見之，敬也。」

2 **康子饋藥**：康子指季康子，饋藥，孔子或有疾，故贈藥。贈食曰饋，藥可服食，故用饋。

3 **未達，不敢嘗**：未知藥性，暫不敢嘗藥；或指自己疾病的理由不明，不敢輕易吃藥。皆可，一般用前說。楊時曰：「大夫有賜，拜而受之，禮也。未達不敢嘗，謹疾也。必告之，直也。」

【語譯】

孔子請人到外邦向友人問好，必再拜而親送之。季康子送藥來問疾，孔子拜而受之，但說：「我還不知道藥性如何，暫時不敢嘗。」

【講析】

兩件事，彼此無關聯，但都說明孔子的恭與謹。

10.12

廄焚。子退朝，曰：「傷人乎？」不問馬。

【注釋】

1廄焚：養馬的地方著火了。廄，養馬處。
2子退朝：指孔子退朝回家。則此廄為孔子家廄。
3不問馬：不及問馬生死。

【語譯】

孔子家的養馬處著火了。孔子退朝回家聽聞此事，問：「有沒傷了人呢？」當時沒有問馬。

【講析】

人的人道關懷，也有親疏遠近的差別，孔子非「不」問馬，而是倉促之下，「不及」問馬，這是人之常情。朱子曰：「非不愛馬，然恐傷人之意多，故未暇問。蓋貴人賤畜，理當如此。」錢穆以為「不問馬」三字應為後門人記者所加。

朱子如不補「貴人賤畜，理當如此」，可能更好些。孔子問傷人乎是出於人道的關懷，人道關懷起源在人，但關懷的終極，不見得必限定在人身上，也可以擴及其他的。所以此章的「不問」不是限制詞，而是說明匆忙之間未及問之意。

10.13

君賜食，必正席先嘗之；君賜腥，必熟而薦之；君賜生，必畜之。侍食於君，君祭，先飯。疾，君視之，東首，加朝服，拖紳。君命召，不俟駕行矣。

【注釋】

1 **君賜食，必正席先嘗之**：國君賜食物，必定端坐正席先嘗，以示敬君之賜。

2 **君賜腥，必熟而薦之**：國君賜生肉，必先煮熟，薦之祖考，榮君賜也。

3 **君賜生，必畜之**：國君所賜活牲，必先畜養。

4 **侍食於君，君祭，先飯**：侍奉國君進餐，當國君還在做祭祀動作時，自己先動餐了。朱注：「《周禮》：『王日一舉，膳夫授祭，品嘗食，王乃食。』故侍食者，君祭，則己不祭而先飯。若為君嘗食然，不敢當客禮也。」古時有為尊位者嘗食之習，可見侍君之食，臣先飯是禮。

5 **東首**：病人首坐東朝西，以便利國君聞問。古人貴西，君入室，背西朝東。

6 **加朝服，拖紳**：身上加著上朝的服裝，曳著大帶。朱注曰：「臥病不能著衣束帶，又不可以褻服見君，故加朝服於身，又引大帶於上也。」

7 **君命召，不俟駕行矣**：國君有命召見，不等車駕好即行。朱注：「急趨君命，行出而車駕隨之。」

【語譯】

君賜食物，必端坐正席先嘗。君賜生肉，必煮熟先奉薦祖先。君賜活牲，必先畜養之。侍奉國君飲食，在國君行祭祀儀節時，自己就像為君嘗食一樣的先吃了，不敢以客人自居。遇疾病，君來探病，一定東邊臥，以便國君西邊問詢，身上還加披朝服大帶。國君有命召見，不等車駕好就立刻動身前去。

【講析】

此章專寫孔子事君之禮。

10.14

入太廟，每事問。

此章與《八佾》篇 3.15 重出。太廟即「大廟」。

10.15

朋友死，無所歸。曰：「於我殯。」朋友之饋，雖車馬，非祭肉，不拜。

【注釋】

1 朋友死，無所歸：朋友來訪，死於我處，一時無法歸葬。

2 於我殯：在我處暫停柩以待葬。殯，柩也，謂以賓遇之。
3 雖車馬，非祭肉，不拜：車馬為所贈之貴者，如非贈祭肉，不拜謝。

【語譯】

朋友來訪，不幸死於我處，一時尚無法歸葬。便說：「就暫殯我處吧。」朋友送東西，雖是車馬的重物，如不是祭肉，都不拜的。

【講析】

此章記孔子交友之義。《禮記・檀弓上》有記：「賓客至，無所館，夫子曰：『生於我乎館，死於我乎殯。』」與此章所記相同，此章只記「於我殯」，未記「於我館」，又有賓客與朋友之別，但大意相同，可參讀。本章記「朋友死」一段，錢穆以為如是事實，也出於偶然，非孔子時時作此言，不可據此作擴大解釋。至於「非祭肉不拜」，朱子說：「朋友有通財之義，故雖車馬之重不拜。祭肉則拜者，敬其祖考，同於己親也。」對朋友餽贈過分禮貌拜謝，於當時也許是一種禁忌，朱子以「通財之義」解釋，說得可能太寬泛了。

10.16

寢不屍，居不容。見齊衰者，雖狎，必變。見冕者與瞽者，雖褻，必以貌。凶服者式之。式負版者。有盛饌，必變色而作。迅雷風烈，必變。

【注釋】

1寢不尸：睡覺時不偃臥如死人，即一般所說睡有睡相也。范祖禹曰：「寢不尸，非惡其類於死也。惰慢之氣不設於身體，雖舒布其四體，而未嘗肆耳。」

2居不容：平居時不特別整修儀容。范祖禹曰：「居不容，非惰也。但不若奉祭祀、見賓客而已，申申夭夭是也。」

3齊衰者：著喪服者。

4雖狎，必變：雖是一向親狎的人，也必變容以致哀。

5見冕者與瞽者：冕者，戴高冠者，指尊貴之人，一說冕當作絻，亦指喪服，指有重喪在身者，本文採後者。瞽者，盲者。以上兩語，先見《子罕》篇9.9。

6雖褻，必以貌：褻，朱注：「謂燕見也。」指平時相見。貌：禮貌。

7凶服者式之：見有服喪者在前，必扶車前橫木起立致敬。凶服，喪服也。式通軾，車前橫木，以便立者扶手。

8式負版者：見負版者亦式。負版者有二說，其一指負邦國圖籍者，其二指亦喪服，乃喪服之最重者。

9有盛饌，必變色而作：主人設盛饌，表現禮重，客人變色起立以示不敢，此敬主人之禮，非為饌也。作，起也。

10迅雷風烈，必變：迅，疾也。烈，猛也。變，變色。朱子曰：「必變者，所以敬天之怒。」

【語譯】

睡覺時，不散開四肢如死人，居家時，是不刻意整修容儀的。看到人穿著喪服，雖是平日親狎的人，也改變容色以致哀。見到重喪在身的人與目盲的人，雖然平常都熟悉，也要盡力禮貌。路上看穿著喪服的人，或見負著國家重要圖籍的人，一定手扶著車軾站起來向他們致哀或致敬。主人設盛饌招待，必變色起身以示不敢。遇到疾雷暴風，必變色不安。

【講析】

此章引人注目的是連用了幾個「變」字，所謂變，是指與平時常態有所變易，是在一個特殊狀況之下才發生的。平常是與我親密的人，現在居喪，我就得收斂起平時對他親狎的態度，改以莊敬臨之，其他的變，也多類此，言聖人平居有常，但遇到特殊情況，也會改變。

文中「負版者」，如採亦喪服解，與前「凶服」重疊，如採負邦國圖籍者解，又顯得突兀，故懷疑「式負版者」四字，可能是誤植。

10.17

升車，必正立執綏。車中，不內顧，不疾言，不親指。

【注釋】

1 升車：登車。

2正立執綏：站立正了並抓緊車上之挽繩，為安全故。綏，挽以上車之索也。

3不內顧：不在車內回頭張望。顧，回頭。

4不親指：親字無解。《禮記・曲禮》有「車上不廣欬，不妄指。」疑為「不妄指」。

【語譯】

登車時，必先站正了，才拉緊挽繩上車。在車上，不回頭張望，不大聲說話，也不隨便指東指西。

【講析】

宋儒的解釋有些可笑，如范祖禹說：「正立執綏，則心體無不正，而誠意肅然矣。蓋君子莊敬無所不在，升車則見於此也。」想的太多了些，其實都與「誠意」、「莊敬」無關。此章記孔子登車與在車上的作為，都十分實際。登車時不立正執綏，就如今天上車不站好又不扶車門把手，是容易跌倒的，上車後「不內顧，不疾言，不親指」，一方面不影響駕駛，一方面行車有噪音，別人也不辨所言所指，不如安祥坐定的好。

10.18 色斯舉矣，翔而後集。曰：「山梁雌雉，時哉！時哉！」子路共之，三嗅而作。

【注釋】

1色斯舉矣：由後文知，此處省略之主詞為鳥。色斯舉，言鳥見人之顏色不善，便舉身飛去。舉，飛去。

2翔而後集：飛翔一段時候，又下來停在樹木上。翔，飛也。集，鳥停木上也。

3曰：此處指孔子曰。

4山梁雌雉，時哉！時哉：山梁上的雌雉，也知道時宜呀。連說二次時哉，有強調之意。

5子路共之：共有二解，一作拱手之拱。子路見老師稱讚此雉，舉手上拱以致敬意。一作供應之供，言子路見孔子美雉，便投糧以供。

6三嗅（ㄒㄧˋㄡ）而作：嗅也有二解。朱注引晁公武言：「石經『嗅』作戛，謂雉鳴也。」又引劉勉之言：「嗅當作狊（ㄐㄩˊ），古闃反，張兩翅也，見《爾雅》。」如採此二說，朱子曰：「則共字當為拱執之義。然此必有闕文，不可強為之說。」

【語譯】

鳥只見人顏色稍有不善，便舉翅高飛而去，在空中盤旋一陣，不覺危險後才停於樹頭。孔子說：「你看那山梁上的雌雉，也懂得時機，知道趁時之宜啊！」子路聽了老師的讚嘆，便朝著雉鳥拱手作揖，但那雉鳥回首看了三看，卻不解的飛走了。

【講析】

此章「色斯舉矣」，言鳥對人之不信任，而孔子卻贊許其識得時宜。子路聞孔子之言，以為鳥值得崇拜，便朝之拱手，其實是不明孔子之所指，最後鳥也不明子路之所為，終於高飛遠去，可以說全文充滿了懸疑與不確定性。

以文學而言，這種寫法充滿隱喻，又有懸宕的效果。《鄉黨》一篇都在談孔子的生活，孔子的生活以「禮」為重，禮本身有規矩法式之意，讓人覺得嚴肅呆板，一成不變。但前章強調變，此章強調不確定，都與禮字的意涵相去頗遠。有此章，可以將《論語》所言，作更廣闊解釋之可能。朱子以為此章不好作解，認為「必有闕文」，但置此不可解之章於一篇之末，可能是有寓意的。錢穆以為此章為「千古妙文」，說：「得此一章，畫龍點睛，竟體靈活，真可謂神而化之也。」有理其實無理，無解其實有解，讀者可參酌思考。

INK PUBLISHING

文學叢書 707

台大教授的論語課（上）

作　　者　周志文
總 編 輯　初安民
責任編輯　宋敏菁　陳佳蓉
美術編輯　陳淑美
校　　對　孫家琦　周志文　宋敏菁　陳佳蓉

發 行 人　張書銘
出　　版　INK 印刻文學生活雜誌出版股份有限公司
新北市中和區建一路249號8樓
電話：02-22281626
傳真：02-22281598
e-mail：ink.book@msa.hinet.net
網　　址　舒讀網www.inksudu.com.tw

法律顧問　巨鼎博達法律事務所
施竣中律師
總 代 理　成陽出版股份有限公司
電話：03-3589000（代表號）
傳真：03-3556521
郵政劃撥　19785090 印刻文學生活雜誌出版股份有限公司
印　　刷　海王印刷事業股份有限公司

港澳總經銷　泛華發行代理有限公司
地　　址　香港新界將軍澳工業邨駿昌街7號2樓
電　　話　852-2798-2220
傳　　真　852-2796-5471
網　　址　www.gccd.com.hk

出版日期　2023年 5 月　初版
ISBN　978-986-387-655-7
定價　820元（上下冊不分售）

國家圖書館出版品預行編目(CIP)資料

台大教授的論語課（上）／周志文 著.
--初版. --新北市中和區：INK印刻文學，2023. 05
面；14.8 × 21公分. --（文學叢書；707）
ISBN　978-986-387-655-7 (平裝)

1.論語　2.注釋
121.222　　112005670

舒讀網